圖二　敦煌三九〇窟　十王廳與地藏壁畫

圖一　榆林一二窟　地藏壁畫

圖三　西藏札達古格王國都城遺址曼陀羅殿　眾合地獄圖（局部）

圖四　北宋　地藏菩薩坐像

刊印古籍今注新譯叢書緣起

劉振強

人類歷史發展，每至偏執一端，往而不返的關頭，總有一股新興的反本運動繼起，要求回顧過往的源頭，從中汲取新生的創造力量。孔子所謂的述而不作，溫故知新，以及西方文藝復興所強調的再生精神，都體現了創造源頭這股日新不竭的力量。古典之所以重要，古籍之所以不可不讀，正在這層尋本與啟示的意義上。處於現代世界而倡言讀古書，並不是迷信傳統，更不是故步自封；而是當我們愈懂得聆聽來自根源的聲音，我們就愈懂得如何向歷史追問，也就愈能夠清醒正對當世的苦厄。要擴大心量，冥契古今心靈，會通宇宙精神，不能不由學會讀古書這一層根本的工夫做起。

基於這樣的想法，本局自草創以來，即懷著注譯傳統重要典籍的理想，由第一部的四書做起，希望藉由文字障礙的掃除，幫助有心的讀者，打開禁錮於古老話語中的豐沛寶藏。我們工作的原則是「兼取諸家，直注明解」。一方面熔鑄眾說，擇善而從；一方面也力求明白可喻，達到學術普及化的要求。叢書自陸續出刊以來，頗受各界的喜愛，使我們得到很大的鼓勵，也有信心繼續推廣這項工作。隨著海峽兩岸的交流，我們注譯的成員，也由臺灣各大學的教授，擴及大陸各有專長的學者。陣容的充實，使我們有更多的資源，整理更多樣化的古籍。兼採經、史、子、集四部的要典，重拾對通才器識的重視，將是我們進一步工作的目標。

古籍的注譯，固然是一件繁難的工作，但其實也只是整個工作的開端而已，最後的完成與意義的賦予，全賴讀者的閱讀與自得自證。我們期望這項工作能有助於為世界文化的未來匯流，注入一股源頭活水；也希望各界博雅君子不吝指正，讓我們的步伐能夠更堅穩地走下去。

新譯地藏菩薩本願經　目次

卷下

後記

導讀

在浩若煙海的佛經中，有一部經叫《地藏菩薩本願經》。在多數大學宗教學系的佛教課程中，《地藏菩薩本願經》一般很少被提到，更不要說去研究討論了。原因是什麼呢？據佛學專家講，《地藏菩薩本願經》講的是因果報應，敘述繁瑣，文字又極淺白。也許，《地藏菩薩本願經》中的確沒有那些晦澀難懂的概念，沒有那些玄不可測的語句，但正如印光法師所言，地藏具有「於菩薩孝心純篤、願力廣大、三世諸佛莫能贊，九界眾生咸歸依」之旨趣，是何理由使人不理不睬呢？另外，就佛教中的主要菩薩而言，地藏與文殊、普賢、觀世音並稱為「四聖」，而地藏願力之大，為其他菩薩所不及。再者，就《地藏菩薩本願經》本身內容看，其文字雖然淺顯，但其意蘊卻是豐富而深邃的，其中的利他思想、誠信理念、孝敬本質等等，都是值得發掘、宣傳和發揚的，都是普度眾生的大智慧。因此，譯注、解讀、宣講《地藏菩薩本願經》，對於芸芸眾生而言，是極為有益的。

一、因時因地的地藏菩薩

在廣袤的中國大地上，聳立著四大名山，分別為佛教四位大菩薩的應化道場。五臺山供奉著文殊菩薩，峨眉山供奉著普賢菩薩，普陀山供奉著觀世音菩薩，九華山則供奉著地藏菩薩。據《宋高僧傳》、《神僧傳》、《九華山志》等書記載，九華山在安徽省的青陽縣，本名九子山。據說唐代著名詩人李白至九子山時，見九峰如華，故後來又名九華山。傳說唐朝永徽四年，朝鮮之東新羅國，即高麗國。有太子喬覺，人稱為「金喬覺」，又名「金地藏」。喬覺自幼生性淡泊、心地仁慈、嚮往佛法，二十四歲時帶了一隻白犬善聽出家。遊化數年，後來到九華山，見深山中有盆地，即於此山結廬苦修，並於唐玄宗開元十六年七月三十夜成道（這便是七月三十夜地藏香的來源）。山下住著一位老閔公，為九華山山主，信佛好善多年，菩薩欲建寺，便請閔公布施山地。閔公對地藏比丘非常敬仰，問他要多少地，地藏答道：「一袈裟所覆蓋地足矣。」時地藏以神通力，袈裟一披，蓋盡九華。於是閔公將整個九華山地全部布施給地藏菩薩。閔公兒子先出了家，法名道明和尚；後來閔公也拜兒子為師出家。現今塑畫的地藏菩薩像，左邊站的青年僧是道明和尚，右邊的老頭子便是閔公。地藏菩薩一直在九華山苦修，直至唐開元廿六年七月三十日涅槃，世壽九十九歲。而九華山即成為地藏菩薩應化的道場。但由於地藏菩薩並非真實人物，故關於他的來歷有多種說法，除了新羅國王子金喬覺外，還有如下幾種：一為釋迦牟尼的代理佛。即說釋迦牟尼在寂滅前，把普度眾生的任務託付給地藏，並封其為幽明教主，令他在彌勒佛降世之前主持佛教教化之事。二是佛弟子目犍連。目犍連神通廣大，被稱為「神通第一」，乃釋迦牟尼佛十大弟子之一。三是金蟬子葉守一。根據《歷代神仙通鑒》記載，太上老君曾對神仙們說：「西域王君憫及幽冥，欲救眾生於三惡道中，發大慈悲身投十地，托生新羅國，為葉氏子，自幼出家，聖名守一，借老佛之法門，作陰司之寶筏。」並指著地藏說：「欲知王君，只此便是。」地藏合掌躬身。老君又說：「君為幽冥教主，作東土佛家首領，無庸讓也。」地藏稱謝，眾仙才知道地藏即金蟬子。

地藏菩薩有著度脫一切罪苦眾生的大願，但眾生罪苦千差萬別，因而地藏菩薩必須具有解救不同罪苦眾生的本領，這樣便有了因地因時而異的地藏菩薩。在《地藏菩薩本願經》中，地藏菩薩於過去世曾為大長者子、婆羅門孝女、國王、光目聖女等等。

(1)大長者子。在過去師子奮迅具足萬行如來時，有大長者子見佛相好，千福莊嚴，心生歡喜恭敬，問佛為何有這副好相。佛說：「久遠度脫一切受苦眾生，故能證得。」他因此在佛前發下大願，「盡未來際，度脫六道一切罪苦眾生！眾生度盡，然後成佛。」

(2)婆羅門孝女。在覺華定自在王如來像法時，婆羅門女母親輕毀三寶，命終，魂神墮無間地獄。聖女思母，變賣田地產業，辦香花供具，供養覺華定自在王佛，且在佛前禮拜，求佛指示母的生處。因其孝心設供修福，其母得以超生天界。婆羅門女感佛恩德，於是在覺華定自在王如來塔像之前，立大誓願，「願我盡未來劫，應有罪苦眾生，廣設方便，使令解脫。」

(3)國王。在一切智如來未出家以前時，地藏菩薩曾作一小國國王，同鄰國國王是好朋友。同行十善，利益眾生。但附近有一國，該國人民多作惡業，二王商議如何辦法，一王發願，願早成佛道，度盡惡人。一王發願，「若不先度罪苦，令是安樂，得至菩提，我終未願成佛。」發願早成佛道者，便是一切智成就如來。發願先度眾生者，便是地藏菩薩。

(4)光目聖女。在清淨蓮華目如來時，有一羅漢福度眾生。遇一聖女名光目者，設齋供養，求問亡母往生何趣？羅漢入定，觀其母在地獄受苦。因為在世喜食魚鱉，炒煮魚子，傷命無數，故受此苦。後來雖因聖女福力故，生為婢女之子，然年止十三便死，更落惡道。光目女為救母永離地獄惡道，便在清淨蓮華目佛像前發大誓願，「願母離苦，以後百千萬億無量劫中，十方世界，地獄惡道，受苦眾生，誓願救度，皆令成佛，然後自成正覺。」此光目女亦即地藏菩薩之化身。

二、《地藏菩薩本願經》架構及基本內容

《地藏菩薩本願經》內容，可分兩個方面介紹。一是從結構上看，二是從思想上看。從形成結構上看，《地藏菩薩本願經》共有十三品。它們是：

〈忉利天宮神通品〉第一。本品講釋迦牟尼佛升座到忉利天宮，為其母親摩耶夫人說法。

佛顯起神通，各方天龍鬼神，都會集到忉利天宮，聽佛說法。佛向他們講述地藏菩薩過去孝順的原因和所發的宏大誓願。

〈分身集會品〉第二。本品講地藏菩薩在所有世界和地獄的分身都應召會集到忉利天宮，聆聽佛法，領受佛的殷切囑咐，並再次向佛發願必將度盡一切眾生。

〈觀眾生業緣品〉第三。本品講地藏菩薩回答佛母摩耶夫人的提問，略說眾生做惡造業所召感的報應。

〈閻浮眾生業感品〉第四。本品講釋迦牟尼佛再次宣說地藏菩薩的本生誓願，並細說眾生的罪業惡行所召感的果報。

〈地獄名號品〉第五。本品講地藏菩薩為普賢菩薩講述地獄的名號、地獄恐怖的相狀及罪報惡報之事。

〈如來讚歎品〉第六。本品講釋迦牟尼佛讚歎地藏菩薩摩訶薩，以不可思議威神慈悲之力，救護一切罪苦眾生之事。

〈利益存亡品〉第七。本品講地藏菩薩宣說如若設供修福，對於在世和亡故的眾生，所能得到的極大利益。

〈閻羅王眾讚歎品〉第八。本品講諸大鬼王與閻羅天子在釋迦牟尼佛前，讚歎地藏菩薩的不可思議的功德，並發願要護衛、利益眾生。

〈稱佛名號品〉第九。本品講地藏菩薩敘說眾生稱念諸佛的名號便能滅無量罪，獲無量功德。

〈校量布施功德緣品〉第十。本品講地藏菩薩向釋迦牟尼佛詢問，佛向其解釋各種布施的功德差別。

〈地神護法品〉第十一。本品講堅牢地神在釋迦牟尼佛前讚頌地藏菩薩，宣稱要護佑那些供養地藏菩薩和念頌《地藏菩薩本願經》的眾生，令他們得到種種利益。

〈見聞利益品〉第十二。本品講釋迦牟尼佛應觀世音菩薩的要求，向他講述瞻仰地藏菩薩像或聽聞地藏菩薩的名號，所能獲得的廣大的不可思議的功德。

〈囑累人天品〉第十三。本品講釋迦牟尼佛再次叮囑地藏菩薩救拔罪苦眾生，並述說眾生和天龍鬼神布施供養地藏菩薩、讚歎瞻禮地藏菩薩各自可得的二十八種利益和七種利益。

從思想上看，則包括這樣幾個方面內容：其一，地獄思想。可以說，地獄思想是本經的基礎性思想。為什麼呢？首先，地藏菩薩之所以為地藏菩薩，就是因為佛發現地獄中的受苦眾生，還沒有得到解脫，也沒有安排大菩薩承擔這一使命，地藏菩薩正是奉釋迦牟尼佛之命，到地獄去救拔眾生的。因此第二，《地藏菩薩本願經》中所描述所記錄的地藏菩薩的功德，都與地獄密切相關。作為婆羅門女，在地獄中探訪受苦母親，歷經各種苦難，救拔自己的母親。第三，《地藏菩薩本願經》充滿著對地獄恐懼的詳細描述。地獄眾多，千奇百怪，在鐵圍山，有無間、阿鼻、四角、飛刀、火箭、夾山、通槍四十六種之多，而在此四十六種地獄之中，又有無數的小地獄。地獄中刑具殘酷無比，如取罪人舌頭，用牛去耕犁；挖罪人心臟，讓夜叉去吃；取罪人身體，放在沸湯的大鍋裏去煮；讓罪人抱被火燒紅了的銅柱；將罪人丟進寒冰凍死；用燒紅的鐵槍刺罪人的胸腹。如在本經的第三品中，地藏菩薩回答佛母摩耶夫人的提問，向摩耶夫人解釋何為無間地獄、為何又稱作無間地獄、無間地獄的罪報又是怎樣的？等等問題。地藏菩薩告知聖母，諸地獄在大鐵圍之內。大地獄有一十八所；次地獄有五百，再次有千百，名號各別。獄城周匝八萬餘里，由純鐵鑄成，高一萬里。城上聚火，少有空缺。獄城之中，諸獄相連。無間地獄，上火徹下，下火徹上。鐵蛇鐵狗，吐火馳逐於獄牆之上。同時，無間地獄的苦楚罪報不堪言說，罪人在無間地獄之中，一人亦滿，多人亦滿，日夜受罪，無時間絕；罪器叉棒，鷹蛇狼犬，碓磨鋸鑿，斫鑊湯，鐵網鐵繩，鐵驢鐵馬，生革絡首，熱鐵澆身。饑吞鐵丸，渴飲鐵汁，苦楚相連，永無間斷；同時，不論天人鬼神，罪行業感，悉同受之；若墮此獄，從處入時，至百千萬劫，一日一夜，萬生萬死，求一念間，暫住不得。除非業盡，方得受生。有了這樣對地獄的渲染，不懼怕地獄的眾生應是沒有的，而佛教就是要讓眾生知道，你不皈依佛法，不做善事，就會墮入到地獄中受苦。足以說明地獄思想無疑是本經的基礎性思想。

其二，因果報應觀念。因果報應觀念是佛教的基本觀念之一，這一觀念在《地藏菩薩本願經》中得到了充分的體現。事實上，地獄就是為因果報應理論而設的，對那些作惡的眾生而言，所遭受報應的結果就是墮入到地獄中去。本經對因果報應觀念的展示極為普遍。墮入地獄受苦乃是生前作孽所致，如婆羅門女的母親，就是因為盡吃各種動物，而且對佛、法、僧不恭不敬，其所遭到的報應便是墮入地獄受盡折磨。獲得利益最終解脫，則是行善或供養佛之結果，婆羅門女的母親最終獲得解脫，甚至可以生為國王之女或做王后，乃是婆羅門女盡斥家產，建佛塔、造佛像、修佛經、供養佛的結果。而且，不論何人何時何地，只要他能做一點小善，都會得到地藏菩薩的利益關照。而對於那些不信因果報應的眾生而言，則必會遭受不同的懲罰。所以，因果報應論也是本經所著力宣傳的觀念。在第一品、第三品、第四品、第六品著力宣揚了作惡業所招致的惡報，而本經的第六品至第十三品則反覆宣說了作善業所感的果報。如在本經的第一品，釋迦牟尼佛宣說了地藏菩薩為婆羅門女時，其母因輕毀佛、法、僧三寶，命終後招致罪報，魂神墮入無間地獄：「其母信邪，常輕三寶。是時聖女廣說方便，勸誘其母，令生正見，而此女母未全生信，不久命終，魂神墮在無間地獄。」又如本經的第四品中，釋迦牟尼佛尤為詳細述說了眾生每種惡業所招致的相應惡報。所謂「若遇殺生者，說宿殃短命報；若遇竊盜者，說貧窮苦楚報；若遇邪淫者，說雀鴿鴛鴦報；若遇惡口者，說眷屬鬥諍報；若遇譭謗者，說無舌瘡口報；若遇瞋恚者，說醜陋癃殘報；若遇慳吝者，說所求違願報；若遇飲食無度者，說饑渴咽病報；若遇畋獵恣情者，說驚狂喪命報；若遇悖逆父母者，說天地災殺報；若遇燒山林木者，說狂迷取死報；若遇前後父母惡毒者，說返生鞭撻現受報；若遇網捕生雛者，說骨肉分離報；若遇毀謗三寶者，說盲聾瘖瘂報；若遇輕法慢教者，說永處惡道報；若遇破用常住者，說億劫輪迴地獄報；若遇汙梵誣僧者，說永在畜生報；若遇湯火斬斫傷生者，說輪迴遞償報；若遇破戒犯齋者，說禽獸饑餓報；若遇非理毀用者，說所求闕絕報；若遇吾我貢高者，說卑使下賤報；若遇兩舌鬥亂者，說無舌百舌報；若遇邪見者，說邊地受生報。」在本經的第六品，講述了眾生若犯了對別人歸敬、供養地藏菩薩加以詆毀的罪業，那麼，如是等人，將永遠在六道輪迴中遭受苦報。「未來世中，若有惡人，及惡神惡鬼，見有善男子，善女人，歸敬供養讚歎瞻禮地藏菩薩形像，或妄生譏毀，謗無功德及利益事，或露齒笑，或背面非，或勸人共非，或一人非，或多人非，乃至一念生譏毀者，如是之人，賢劫千佛滅度，譏毀之報，尚在阿鼻地獄，受極重罪。過是劫已，方受餓鬼；又經千劫，復受畜生；又經千劫，方得人身，縱受人身，貧窮下賤，諸根不具，多被惡業，來結其心。不久之間，復墮惡道。是故普廣，譏毀他人供養，尚獲此報，何況別生惡見毀滅。」本經同時還宣揚了善有善報的意旨。如若有眾生，能夠聽聞諸佛菩薩的名號，瞻仰供養諸佛菩薩的像，或者塑畫佛像、修補塔寺、裝理佛經、誦讀佛經等等，將會獲得不可思議的果報。如〈地神護法品〉有「未來及現在眾生，於所住處，於南方清潔之地，以土石竹木作其龕室，是中能塑畫，乃至金銀銅鐵作地藏形像，燒香供養，瞻禮讚歎，是人居處，即得十種利益。」這十等利益包括土地豐穰、家宅永安、先亡生天、現存益壽、所求遂意、無水火災、虛耗辟除、杜絕惡夢、出入神護、多遇聖因等。

其三，「孝」的觀念。《地藏菩薩本願經》是佛教中的一部孝經，經中屢次宣揚了孝思孝行的宗旨以及不孝順乃至殺害父母所應得的罪報。本經一開始就說：「如是我聞，一時佛在忉利天為母說法。」佛說本經的動機與緣起，因佛的母親摩耶夫人，在佛誕生後七日，就離開了人世，受生到忉利天宮，一直等到佛快要涅槃成道之時，因為生身的母恩，還沒有去報答。為了了卻報恩的心願，便發起一片孝心，特意飛升到忉利天的天宮裏，專門為母親講說佛法，以報答母親的生身大恩。聖母聞法悟道，即證須陀洹果。釋迦牟尼佛對其母的敬重與感恩的孝思與孝行是本經的緣起。因此，本經又稱為佛教的孝經。在本經的第一品中，地藏菩薩在覺華定自在王如來像法時為一婆羅門女，福德深厚。其母親卻輕毀佛、法、僧三寶，命終後招致罪報，魂神墮入無間地獄。聖女思母心切，變賣田地產業，辦置香花供具，而供養覺華定自在王佛，且在佛前禮拜，求佛指示母親的生處。因其孝心設供修福，其母得以超生天界，享受快樂。婆羅門女感佛恩德，於是在覺華定自在王如來塔像之前發誓度盡眾生。在本經的第四品中，地藏菩薩在清淨蓮華目如來時為光目聖女。其時有一羅漢福度眾生。光目女設齋供養，求問亡母往生何趣？羅漢入定，觀其母在地獄受苦。因為在世喜食魚鱉，炒煮魚子，傷命無數，故受此苦。光目女為此一心念佛，恭敬供養，因為這種至誠至孝的福力，其母轉生為婢女之子，然年止十三便死，將重新落入惡道。光目為救母永離地獄惡道，便在清淨蓮華目佛像前發大誓願，「救度眾生，皆令成佛，然後自成正覺。」此外，本經把不孝敬乃至殺害父母，認定為最重要的無間罪苦之一。如在本經的第三品中「若有眾生，不孝父母，或至殺害，當墮於無間地獄，千萬億劫，求出無期。」犯這種罪業的眾生，必定會墮入到無間地獄中去。就是經過千萬億劫的時間，想要出地獄來，是永遠沒有指望的。反之，如果孝順父母，為亡去父母設齋修福若未來世，專心供養，則可獲得無量福德。本經第十二品有云：「有男子女人……年既長大，思憶父母及諸眷屬，不知落在何趣？生何世界？生何天中？是人若能塑畫地藏菩薩形像，乃至聞名。一瞻一禮，一日至七日，莫退初心。聞名見形，瞻禮供養……是人當得菩薩遺所在土地鬼神，終身衛護。現世衣食豐溢，無諸疾苦。乃至橫事不入其門，何況及身。是人畢竟得菩薩摩頂授記。」釋迦牟尼佛感念、報答母恩的孝行，地藏菩薩的種種至誠至孝的行為，以及本經提倡孝道、重視超脫父母的旨趣，使得本經在社會上廣為流傳，成為出家及在家之人超脫父母所常念誦的經典之一；地藏菩薩也因其救度父母、孝順父母的至誠的孝行，受到人們普遍的讚揚與尊敬。因此，「孝」觀念無疑是本經的一個基本觀念，但不能說本經即是以「孝」為中心的。因為在我們看來，「孝」在本經中，只是在展示地藏菩薩巨大願力過程中所顯示的一個例案語。換言之，「孝」在本經中只是作為因果報應思想的一個「因」而出現的。而同時，其他的善行也會得到好的報應。當然，我們在此提出這個問題，只是想告訴那些對本經中所顯示的「孝」的觀念作無度發揮的人們，不要將《地藏菩薩本願經》中的「孝」觀念誇的不著邊際。但這並不妨礙我們仍然承認「孝」是本經中的一個重要的、基本的觀念。佛為其母說法，佛就在以身教育眾生，對母親應有敬孝之心；而地藏菩薩那不辭辛苦、不畏艱難、不顧安危、不惜財產並下到地獄救拔其母親的精神，即是最為傳神、最為鮮活、最為真切的「孝」的精神。值得注意的是，本經所提倡的「孝」是對逝去人的「孝」，這與儒家的「孝」也有了差別。如果說儒家的「孝」是在世的，此生的，那麼佛家的「孝」是出世的、彼生的，這樣，有了佛家的「孝」，中國傳統的「孝」

就把生死聯為一體，成為完整的「孝」。

其四，念佛法門。本經的另一值得注意的內容是提出了一個修道成佛的大法門，那就是念佛法門。在本經中，念佛號是一普遍的提倡。在第一品中說，有善男子能稱頌佛的名號，就可享受天樂，永不墮入地獄、餓鬼、畜生三惡道中；在第六品中說，念稱地藏菩薩名，可在千萬生中常生尊貴，不經三惡道苦，或安樂易養、壽命增長；第九品則集中敘述稱念佛名號的益處。聞到不同的佛名，就會獲得不同的利益。比如聞無邊身如來佛名，就會超越四十劫生死重罪；聞寶性如來佛名，則於可證得佛道永不退轉；若聞毗婆佛名，則會在人界或天界享受到最美好的快樂。並指出，如果現世或未來一切眾生，天上或人間的男人或女人，只要念得一佛名號，就會功德無量，家中有病人，高聲念一佛名，其病悉可消滅。可見，稱念佛號是本經反覆強調的一個法門。稱念佛名號作為基本法門，在諸多經中都有所提及。如《佛說無量壽佛名號利益大事因緣經》云：「如來所以興出於世間，說彼佛（阿彌陀佛）不可思議、真實功德、光明名號、利益大事因緣。」蕅益大師對此句的解釋是：「故一聲阿彌陀佛，即釋迦本師於五濁惡世所得阿耨多羅三藐三菩提法。今此果覺全體授與濁惡眾生，乃諸佛所行境界，唯佛與佛能究盡，非九解自力所能信解也。」可見，念法即是釋迦牟尼佛所得菩提大法。又如《觀佛三昧經》云：「佛告父王：一切眾生在生死中，念佛之心，亦復如是，但能繫念不止，定生佛前。一得德生，即能改變一切諸惡，成大慈悲。」可見，念法也是諸佛經共同推崇的法門。就念佛名號而言，如果一人能無時不念佛名號、無刻不念佛名號，最終可使之皈依佛門，得到解脫；而且稱念佛名號簡單易行，長期堅持，便大事告成了。

三、意義及影響

《地藏菩薩本願經》作為一部獨具特色的佛教經典，也有著特殊的意義和影響。這種意義和影響可從兩個方面看。一是對佛教自身發展的意義或影響，二是對現實社會及個人的影響。先談談對佛教自身發展的影響。

任何一部佛經都強調流傳，有所謂「流動品」。《地藏菩薩本願經》本身就是對佛教的承繼和宣傳。首先是對佛教基本觀念上的承繼和傳播。因果報應是佛教的基本觀念之一，《地藏菩薩本願經》的基本內容就是因果報應說。眾生作惡，哪怕是一絲一毫之惡，其所受報應是墮入三惡道，墮入地獄；眾生作善，哪怕小的像沙粒一樣的善，也會獲得好的報應，或生富家子弟，或享盡快樂，或增壽，或成佛等。如果稱念佛的名號，或瞻禮佛，或塑佛像，或建佛塔，或修佛經，也會獲得善報。解脫也是佛教的基本觀念之一。《地藏菩薩本願經》中的地藏菩薩正是秉承佛的旨意，下到地獄度脫眾生，為眾生設計了不同解脫方法，提示了解脫方向，昭示了解脫的意義。《地藏菩薩本願經》對這些觀念的闡釋，客觀上就是對佛教基本觀念的承繼和傳播產生了積極作用。其次是對佛教基本命題、概念或範疇承繼和傳播。在《地藏菩薩本願經》中，應用了豐富的佛教命題、概念或範疇。如般若、如來、三昧、波羅蜜、無漏、娑婆世界、劫、聲聞、辟支佛、六道、方便、解脫、像法、三寶、正見、無間地獄、因果、三業、分身、利妮、摩頂、授記、涅槃、菩提、常住、緇衣、十善、正覺、四方天王、四眾、末法眾生、須彌、滅度、無生、五衰相、三界等等。這些佛教基本概念、範疇在《地藏菩薩本願經》中得到了繼承和發展。其三是對佛教戒律的承繼與傳播。《地藏菩薩本願經》十分重視佛教戒律，如若有人犯戒，則會遭到因果報應，墮入三惡道受苦。比如，不詆毀佛、法、僧三寶；如不妄語、不兩舌（所謂破戒、犯齋者）。有對僧尼的五戒：不殺生、不偷盜、不淫欲、不妄語、不飲酒；有對居士的「八戒」：不殺生、不偷盜、不淫欲、不妄語、不飲酒、不坐高廣華麗之床、不裝飾打扮及聽歌觀舞、不食非時之食；不能隨地倒剩飯、剩菜等。可見，佛教戒律在《地藏菩薩本願經》中得到了強調。

值得一提的是，《地藏菩薩本願經》講故事的形式，字詞較淺顯易懂，語句流暢，適合一般讀者誦讀、學習、領會，在形式上面向大眾，在內容上切入人之安身立命，因此作為佛經的一部經典，對它的注釋、解讀和引申，對佛教發展也是具有重要意義和深遠影響的。那麼，本經對現世人生有什麼意義和影響呢？《地藏菩薩本願經》雖然明白易懂，但簡易文字背後所蘊含的意義卻也十分豐富，所謂言簡義豐。概括地講，主要有如下幾個方面值得注意。

第一，利他無私精神。利他是佛教教義的基本理念之一，在本經中也得到了較充分的表現。遺憾的是多數譯此經的人都忽視了這一點。事實上，利他思想是《地藏菩薩本願經》的核心思想。佛發慈悲心，放出光芒智慧，就是消惡揚善，以度脫眾生。地藏的格言是：「眾生度盡，方證菩提，地獄未空，誓不成佛。」就是說，世間若還有受苦眾生，地獄若還有罪人，地藏誓不成佛。地藏完全可以像其他菩薩一樣，自修自度，以證佛道。地藏不是此類自私狹隘之人，他聽從佛的教導，縱身地獄，設計千百般度脫法門，苦口婆心，歷經磨難，以覺悟眾生，回頭歸佛。地藏菩薩捨棄天界，下到地獄，不顧個人利益得失，也不貪圖成佛之名。地藏的利他精神是十分難得的，而對當今社會只顧一己之私的人而言，也是有著現實教育意義的。

第二，誠守諾言的品質。地藏菩薩對佛承諾了要度脫眾生，地藏菩薩不僅時刻提醒自己對佛的承諾，不僅時刻請求佛不要掛念度脫之事，更為重要的是，地藏菩薩用他的實踐兌現了他對佛的承諾。他為眾生廣設方便法門；他下到地獄，救渡受苦眾生。在當今社會中，守信是十分重要的，但仍然有相當多的人，包括政治人物，亦包括生意大亨，言而無信、甚至對白紙黑字的承諾都視而不顧。與地藏菩薩相比，真是天壤之別。

第三，徹底關懷理念。所謂「徹底」關懷，是說地藏菩薩把關懷送到了地獄，送給了逝去的人，使逝去的人也能感受到人間的溫暖。在儒家關懷理念中，只有對活著的人的關懷，比如「孝」，一般是停留在養老送終上，注重對在世生活及當下生命的關懷。而地藏要求對往生的靈魂也要「孝」。而且，地藏所要度脫者，皆是有罪惡之人，這更體現了佛教關懷的徹底性、廣泛性、深刻性。佛教關懷人，也關懷物，不殺生，儒家卻不能這樣，儒家對動物是相對缺乏關愛的。《地藏菩薩本願經》所顯示的徹底關懷理念是極有意義的。

第四、信仰的建構。《地藏菩薩本願經》講述那麼多地獄、描述那麼多殘酷的刑具、安排了千奇百怪的惡鬼，在於對眾生一個警示：你若不皈依佛門，不行善，就可能墮入地獄中去，讓餓鬼吃了，讓蟲子咬了，讓怪獸吞了，總之，會遭受慘不忍睹的折磨。地藏無疑不是為了讓眾生在地獄中受苦，因為他要解脫眾生，所以只是讓眾生瞭解地獄之苦而樹立行善的信念，行善的習慣，一句話，樹立起一種行善的信仰。本來，在每個人的心靈中都有信仰的，都有懼怕，對現世的幸福不能把握，對來世的安身更無信心，在這種背景下，地獄、因果等觀念是極為有價值的，也是極有效的。但由於科學主義、唯物主義的發展，將人心靈中的神秘地區消解了，人就無所顧忌、為所欲為，這種行為也與科學主義、唯物主義合拍，但人卻失去了他的最終寄託，失去了應有的信仰區域。《地藏菩薩本願經》告訴我們，讓人對現世無把握、對來世有所恐懼並不是一件壞事。

四、譯者、年代及主要譯本

《地藏菩薩本願經》，梵名Ksitigarbha-Pranidhana-Sutra，習慣稱《地藏本願經》，為唐代于闐國三藏沙門實叉難陀（西元六五二——七一〇年）所譯，收於《大正藏》第十三冊。本經的經名有三種，一是《地藏本願》，一是《地藏本行》，一是《地藏本誓力經》。本書取第一種，以《地藏本願》為名。《地藏本願經》一般有「二卷」或「三卷」之分，分二卷的將第一品至第六品叫做卷上，由第七品至第十三品叫做卷下；分三卷的則由第一品至第四品叫做上卷，由第五品至第八品叫做中卷，由第九品至第十三品叫做下卷。文義無差，只是分的卷帙不同而已。本書分上、下兩卷。

《地藏菩薩本願經》的譯注主要有如下幾種：

1. 《地藏菩薩像靈驗記》，一卷，宋代常謹集。書中收錄了梁代至宋代有關地藏菩薩的三十二種靈驗事蹟。

2. 《地藏本願經科文》，一卷，清代岳玄排，靈耀定，對本經的內容依其先後次序作了極其細緻的排列。

3. 《地藏本願經綸貫》，一卷，清代靈耀撰，分三部分。一是依天臺智者大師釋經方軌先明五重玄義：(1)釋名。本經以不思議人法為名，地藏菩薩是人，本願是法。接著解釋地藏的含義、地藏菩薩的誓願。(2)辯體。本經以不思議性識為體。此性識指的是第八識即阿賴耶識。(3)明宗。本經以不思議的地藏菩薩行願為宗。(4)論用。本經以不思議方便為用。地藏菩薩以百千方便實現自己的誓願。(5)判教相。本經以無上醍醐為教相，具足無上的妙味。二是總示觀法。三是別解經文，對本經的每一品作了簡要的提示。

4. 《地藏本願經科注》，六卷，清代靈耀撰，對本經的經文分段或分句加以注解。

5. 《地藏經開蒙》，三卷，清代釋品耀集。

自本世紀以來，本經開始出現白話解釋。就筆者所見較重要的有：《地藏菩薩本願經白話解釋》，胡維銓演述，弘一法師鑒定；《地藏菩薩本願經淺釋》，美國萬佛城宣化上人講述；《地藏經的啟示》，淨空法師講述；《地藏菩薩本願經白話及注釋》，王智隆居士著；《白話地藏本願經》，郭鵬注譯；《地藏本願經外二部》，陳利權、伍玲玲翻譯等。

卷上

忉利天宮神通品第一

【題解】本品講述釋迦牟尼佛升座到忉利天宮，為其母親摩耶夫人說法。佛顯起神通，放出種種微妙光音，召集會眾。各方天龍鬼神，都會集到忉利天宮，聽佛說法。佛向他們講述地藏菩薩過去所成就的不可思議的功德，在久遠劫前作為一國國王時悲愍的慈心、作為婆羅門女時孝順的因地和本生所發的宏大誓願。

如是我聞❶，一時❷佛❸在忉利天❹為母說法。爾時，十方❺無量❻世界❼，不可說❽不可說一切諸佛及大菩薩摩訶薩❾，皆來集會，讚歎釋迦牟尼佛，能於五濁惡世❿現不可思議⓫大智慧神通⓬之力，調伏剛強眾生，知苦樂法。各遣使者，問訊世尊⑬。

【章旨】佛在忉利天的天宮裏升坐，為母親講說佛法，各方佛及菩薩皆來集會，並以美妙的言辭讚譽佛祖不可思議的智慧和神力，誦揚佛祖調伏眾生的良好德行。顯示了釋迦牟尼佛在諸佛世界中的崇高地位。

【注釋】❶如是我聞　佛經開篇語。如是，指經中所說的佛語。我聞，指阿難聞之於佛。傳說釋迦牟尼佛滅度以後，弟子們結集聽佛說，阿難為佛侍者，一直奉侍至佛入涅槃，因此聽到的最多，所以推他首唱，他即用這句話開頭，表明並非杜撰，而是我（指阿難）親耳從佛那裏聽聞承受來的。❷一時　指佛說法的時間。《佛地經論》云：「言一時者，謂說聽時。」亦即法會開始至法會圓滿的某一時刻。還可以直接理解為往昔某一時刻。❸佛　即釋迦牟尼佛，梵語Sakyamuni-Buddha音譯。意譯為覺者、能仁、寂默等。是指佛證得一切智，及一切種智，功行達到臻於圓極的地位，了知出世及世間的一切諸法，能夠令一切眾生都得覺悟，所以稱作佛。《佛地經論》云：「具一切智，一切種智，離煩惱障，及所知障，於一切種相，能自開解，亦能開覺一切有情，如睡夢覺，如蓮華開，故名為佛。」❹忉利天　在須彌山的頂上，佛教所謂「天眾」所居的「六欲天」之第二重天，俗稱「三十三」天，位於世界之上八萬由旬高處。此天眾身長四十里，壽命一千歲，人間百年為其一日一夜。三十三天者，指須彌山頂有一城廓名為喜見城，或叫善見城，縱廣八萬由旬，帝釋天主居於其中。善見城四方有四峰，各五百由旬，每峰八天，合共三十二天，連同中央的喜見城，共三十三天。中央居帝釋天，餘皆為守護神所居住的地方，佛即在這裏升座，為聖母說法。❺十方　即十個方向，具體是東、南、西、北、東南、西南、東北、西北、上、下。泛指整個宇宙。❻無量　心量所不能知道的數目。❼世界　佛教以過去、現在、未來等世界觀為「世」，以東、南、西、北、上、下等空間為「界」，合起來而稱為「世界」。❽不可說　指很多。佛經中常以「不可說」連用，即很多很多，多得無法說清楚。❾菩薩摩訶薩　意為大菩薩。指修持大乘六度，用佛道成就眾生，於未來成就佛果的修行者。摩訶薩，即非常之大。❿五濁惡世　指出現五種災異禍害的末世。一為「劫濁」，此世出現天災劫難，眾生的果報衰竭，心智遲鈍，身體羸弱，苦不堪言，故名「劫濁」；二為「見濁」，邪惡的看法、思想在此世開始氾濫，眾生妄見諸法，起自他、人我、彼此之見，各執己見為是，故名「見濁」；三為「煩惱濁」，各種惡德氾濫，眾生具有貪、瞋、癡、慢、疑等煩惱，熾然不息，故名「煩惱濁」；四為「眾生濁」，眾生由於邪見熾盛，煩惱垢重，漸造惡業，不修福慧，故果報漸衰，心靈遲鈍，身體孱弱，苦果多端，故而隨業受報，顛沛沉浮於六道輪迴中，故名「眾生濁」；五為「命濁」，眾生既有輪迴報應，則壽命次第縮減，具有不同命運，故名「命濁」。⓫不可思議　指不可想像。佛經中亦寫為「不可思」，或將之重複連用為「不可思不可思」，均指超過人的想像。⓬神通　即通過修禪而得到的神力，又稱「神力」、「神通力」、「通力」、「通」等。《瓔珞經》云：「神名天心，通名慧性；天然之慧，徹照無礙，故名神通。」通有五通、六通之別，五通指神境智證通（能作種種隨心所欲的神變）、天眼智證通（得色界天眼根，照徹無礙）、天耳智證通（得色界天耳根，聽聞無礙）、他心智證通（善知他人之心而無障）、宿命智證通（善知己身以及六道眾生宿命而無障礙）；六通者，於前五通加一漏盡智證通（能斷盡一切煩惱而無障礙）。⓭世尊　梵語Bhagavat意譯，釋迦牟尼佛的十大名號之一。是說佛具足眾多智慧，能利益眾生，為出世及世間眾生所尊敬，故稱世尊。

【語　譯】這是我親自聽佛所說的。那時，釋迦牟尼佛在忉利天的天宮裏為母親講授佛法。這時住在十方無數無量大千世界裏的數不盡、道不完的一切諸佛以及大菩薩，都來集會，聽佛講經，他們讚歎釋迦牟尼佛能夠在五濁氾濫的惡世中，顯示出令人無法形容、無法想像的大智慧、大神通的法力，調伏世間那些頑劣倔強而又難以化馴的眾生，使他們明白因前世惡業而遭受的痛苦，從而樂於皈依佛法。大家紛紛都派遣使者，來禮敬釋迦牟尼佛。

是時，如來❶含笑，放百千萬億大光明雲，所謂大圓滿光明雲，大慈悲光明雲❷，大智慧光明雲，大般若光明雲❸，大三昧❹光明雲，大吉祥光明雲，大福德光明雲，大功德光明雲，大歸依❺光明雲，大讚歎光明雲。放如是等不可說光明雲已，又出種種微妙之音，所謂檀波羅蜜❻音，尸波羅蜜❼音，羼提波羅蜜❽音，毗離耶波羅蜜❾音，禪❿波羅蜜音，般若波羅蜜音，慈悲音，喜舍⓫音，解脫音，無漏⓬音，智慧音，大智慧音，師子吼⓭音，大師子吼⓮音，雲雷音，大雲雷音⓯。出如是等不可說不可說音已，娑婆世界⓰及他方國土⓱，有無量億天龍鬼神⓲，亦集到忉利天宮，所謂四天王天、忉利天、須焰摩天⓳、兜率陀天⓴、化樂天㉑、他化自在天㉒、梵眾天㉓、梵輔天㉔、大梵天㉕、少光天㉖、無量光天㉗、光音天㉘、少淨天㉙、無量淨天㉚、遍淨天㉛、福生天㉜、福愛天㉝、廣果天㉞、無想天㉟、無煩天㊱、無熱天㊲、善見天㊳、善現天、色究竟天㊴、摩醯首羅天㊵、乃至非想非非想處天㊶，一切天眾、龍眾、鬼神等眾，悉來集會。復有他方國土及娑婆世界、海神、江神、河神、樹神、山神、地神、川澤神、苗稼神、晝神、夜神、空神、天神、飲食神、草木神，如是等神皆來集會。復有他方國土及娑婆世界諸大鬼王，所謂惡目鬼王㊷、噉血鬼王㊸、噉精氣鬼王㊹、噉胎卵鬼王㊺、行病鬼王㊻、攝毒鬼王㊼、慈心鬼王㊽、福利鬼王㊾、大愛敬鬼王㊿，如是等鬼王皆來集會。

【章旨】釋迦牟尼佛大顯神通威力，放出種種不同的大光明雲及種種不同的微妙之音，歡迎諸佛、召集會眾。而無數無量的天龍鬼神，都承蒙了佛的光音，會集到了忉利天宮，聽佛講經。顯發了地藏菩薩的度脫因緣。

【注釋】❶如來　梵語tathagata的意譯，指已經覺悟的人，由真理、真如而來，成正覺之意。對釋迦牟尼的尊稱，也用來指稱一切佛。❷大慈悲光明雲　此光明雲，係從佛的大慈悲心流露出來的，所以叫做大慈悲。慈悲，佛、菩薩對眾生的深切關懷。慈是指把快樂給予眾生，悲是指拔除眾生的苦惱。❸大般若光明雲　此光明雲，是從佛萬德圓融的慧性之中發放出的，能夠照破眾生一切的習障，令眾生在昏黯之中，悟解到真空的妙理，證得圓常的慧性。般若，梵語Prajna的音譯，智慧之意。此智慧是一種覺悟的慧觀，所觀是諸法緣起，因而是空無自性、空無所得的理性，也即絕對的真理。❹三昧　梵語、巴利語Samadhi音譯，又譯為三昧定、三摩地、正受、調直定等。即時專注、專一的意境，與「定」同。❺歸依　指歸投服依，信仰佛教。歸為歸投，依為依靠、依伏。佛放出此大歸依光明雲，遍照一切眾生，令一切眾生都能皈依三寶，依著地藏的孝行法門行持。❻檀波羅蜜　為六波羅蜜之一，即從生死此岸到達涅槃彼岸的六種方法之一。檀，梵語、巴利語dana的俗語形dan的音譯，又譯作檀那，為布施、施捨之意，以自己的財物，甚至生命，分布與一切眾生。波羅蜜，梵語、巴利語Paramita音譯，又譯為波羅蜜多。其本意為完全、絕對圓滿，一般用作菩薩的修行解。指菩薩修行六度萬行諸波羅蜜多，故能離生死障染的此岸，而到達涅槃清淨的彼岸。這即是修行的完成。它包括：(一)布施(檀那)；(二)持戒(尸羅)；(三)忍(羼提)；(四)精進(毗離耶)；(五)定(禪那)；(六)智慧(般若)，總稱為六波羅蜜。❼尸波羅蜜　為六波羅蜜之一，即六度之一。尸，指尸羅，梵語Sila音譯，即持戒之意，意思是制止惡行不為，遇著善事卻恭敬去做。唯有持戒，才能將身口意三業的過非停息。❽羼提波羅蜜　六波羅蜜之一。羼提，梵語Ksanti音譯，即忍辱之意。他人無理加毀於自身，為辱，對侮辱能夠處之泰然，不起瞋怒，為忍。忍受這種痛苦與屈辱，目的在於成就佛道。❾毗離耶波羅蜜　六波羅蜜之一。毗離耶，梵語Virya音譯，即精進之意，精進有身精進、心精進之分。身精進是指晝夜六時誦經禮佛；心精進是指晝夜六時誦經禮佛時，一心懷念佛法而不敢忘失。菩薩勤修一切法，不達目的，不肯停息，從而不懈不怠，不休不息。❿禪　梵語Dhyana音譯，其意為冥想，漢語譯作定、靜慮、思惟修，又稱禪定。是通過一種方法使心安定下來的實踐，通過它能夠令心清淨，斷除煩惱，超脫生死，這種方法通常是打坐。⓫喜舍　又稱淨舍、淨施，即施捨財物與他人而為喜為樂，不計報酬。⓬無漏　無煩惱，離煩惱垢染之清淨法。漏，為漏洩、漏落之意，為煩惱之異名。諸佛菩薩修諸聖行，遠離一切煩惱，永超生死之領域，所以叫做無漏。⓭師子吼　佛係人中的師子，宣說一切決定妙理，不畏懼群邪異學，而能降伏一切邪魔外道。此處譬喻佛說法，一切外道都遠遠地避開它。師即獅。⓮大師子吼　比喻佛說大乘法門，能使聽眾振作無畏、勇猛向前，發大誓願。⑮雲雷音　譬喻佛身像雲，佛說法像雨，佛的心像雲雷一樣能夠遠震，使眾生聽了雷音，猛然醒悟，生歡喜心。雲有覆蔭的作用，雷取能警覺之意。⑯娑婆世界　眾生所居的世界，即俗世。娑婆，梵語Saha音譯，其意為堪忍、忍土，謂此界眾生安忍於十惡而不肯出離，故名為忍，佛教常以此為三千大世界之名，實即指釋迦牟尼佛進行教化的現實世界。⑰他方國土　指娑婆世界以外的其他許多國土。娑婆世界是此土，此土以外的世界即是他方國土。⑱無量億天龍鬼神　無數的佛教護法部眾。無量，無數；多得無法計量。天龍鬼神，即天龍八部，為佛教護法的雜牌部隊，下面所述各天，為天龍鬼神之名號。⑲須焰摩天　亦稱作夜摩天，為欲界六天之第三天。此界光明照耀，無晝夜之分，居於其中時時享受不可思議之歡樂。此界以人間二百歲為一晝夜，定壽兩千歲。以布施、不殺、不盜、不邪淫等功德，能生此天。⑳兜率陀天　亦稱作兜率天，即知足天、妙足天之意，乃欲界六天之第四天。此天分內院和外院，外院為實報的凡夫天人所居的地方，內院為補處菩薩及助佛宣化的菩薩所居的地方，此外還有彌勒菩薩在其中說法。此天離人間地約一百二十八萬里之處。此界以人間四百歲為一晝夜，定壽四千歲。㉑化樂天　亦稱作化自在天，為欲界六天之第五天。此界能自己造妙樂的境界而自得其樂。此天距離人間地上約二百五十六萬里之處，以人間八百歲為一晝夜，定壽八千歲。以布施持戒多聞，廣修十善法行，能生此天。㉒他化自在天　亦稱作他化樂天，此天假他所化之樂事以成己樂事，故稱。其主名自在天王，為欲界之主。此天距離人間地上約五百一十二萬里之處，此界以人間一千六百歲為一晝夜，定壽一萬六千歲。由於往昔布施清淨，持戒轉深，好樂多聞，孝養父母，恭敬師僧，功德增上，能生此天。㉓梵眾天　色界的初禪三天之第一天。此天離生喜樂地。即初禪天的天人，已經脫離了雜惡諸趣，而得生在色界寂靜清淨無染的梵地，心中喜悅快樂，所以稱離生喜樂地。梵，清淨無俗的意思。眾，即眾生，謂此天的眾生都很清淨無染欲，乃初禪天主之民眾。㉔梵輔天　色界的初禪三天之第二天，為大梵天的輔臣。㉕大梵天　色界的初禪天之天主，梵名尸棄，主領三千大世界。㉖少光天　色界第二禪之第一天，此天於二禪天中光明最少。㉗無量光天　色界第二禪之第二天，此天光明增勝，無有限量。

㉘光音天　色界第二禪之第三天，此界眾生無有音聲，以定心所發之光明為語音。㉙少淨天　色界第三禪之第一天，意識受淨妙之樂稱為淨，第三禪天之中，該天所受淨妙之樂最少。㉚無量淨天　色界第三禪之第二天，此天意地之樂受，於此轉增，勝於少淨天，難以量測。㉛遍淨天　色界第三禪之第三天，謂此天樂受最勝，其淨周遍。㉜福生天　色界十八天之一，修勝福力的菩薩，才可以升到此重天。㉝福愛天　色界十八天之一，此天已經捨苦樂之心，並與定心圓融一體，生清淨勝解之力，所得之福，受用無窮。㉞廣果天　色界十八天之一，謂此天之果報廣大，無有勝之者。㉟無想天　色界十八天之一，修習無想定而得到的境界。生此天者，念想滅淨，僅存色身及不相應行蘊。㊱無煩天　色界十八天之一，此天遠離色界之苦與欲界之樂，而無煩惱。㊲無熱天　色界十八天之一，此天已經摒除雜修靜慮之上中品諸障，意樂調和，遠離熱惱。㊳善見天　色界十八天之一，此天天眾已得上品之雜修靜慮，果德易彰。㊴色究竟天　色界十八天之一，此天乃修最上品四禪者所生之處，其果報於有色界中為最勝。㊵摩醯首羅天　即大自在王梵語之音譯，其主為色界之王，名自在天王，住在第四禪天，其形象通常為八臂三目，手執白拂，乘白牛。㊶非想非非想處天　亦稱非非想天，此乃無色界之第四天。此天位於三界九地之頂上，故稱有頂天。非想非非想乃就此天之禪定而稱之。此天之定心，至極靜妙，已無粗想，故稱非想；尚有細想，故稱非非想。㊷惡目鬼王　此鬼王心存剛愎，眼發惡色，非常可怕，有青色、白色、紅色，又大又兇，怒目而視，如見仇敵，令人見之毛骨悚然。㊸啖血鬼王　此鬼王以血為飲食，多數住在屠殺刑場中。㊹啖精氣鬼王　此指專門啖食天地五穀、人及諸眾生等的精氣而得活命的鬼王。㊺啖胎卵鬼王　此鬼王專門吃人胎及各種蛋類，且只吸其氣而已。㊻行病鬼王　即是施行瘟疫的使者，此鬼王撒布病菌到那些應該受報生病的眾生中，使其受雜病侵凌。㊼攝毒鬼王　此鬼王能把世間上的一切毒氣毒物收攝，以免各種病菌毒症，傷害眾生。㊽慈心鬼王　此鬼王雖然長得醜陋，但心腸慈悲，愛護一切眾生，特別愛護小孩。常與世人種種樂事，令諸眾生常離憂苦，因此名叫慈心。㊾福利鬼王　此鬼王頭大肚大，常常福利人們，倘若於人有所禍害的，斷斷不為，所以叫做福利。㊿大愛敬鬼王　此鬼王對一切人都愛護與尊敬，如見人持戒修善、作一

切有益眾人的事，都大加恭敬讚歎，愛念護持，所以叫做大愛敬。

【語譯】這時，如來佛開顏展笑，放出無數道大光明雲，這些雲，就是所謂的大圓滿光明雲，大慈悲光明雲，大智慧光明雲，大般若光明雲，大三昧光明雲，大吉祥光明雲，大福德光明雲，大功德光明雲，大歸依光明雲，大讚歎光明雲。放完這些美妙無比、不可計數的光明雲後，又發出了種種微妙動聽的聲音，就是所謂的檀波羅蜜音，尸波羅蜜音，羼提波羅蜜音，毗離耶波羅蜜音，禪波羅蜜音，般若波羅蜜音，慈悲音，喜舍音，解脫音，無漏音，智慧音，大智慧音，師子吼音，大師子吼音，雲雷音，大雲雷音。發完這些美妙動聽得無法形容的聲音以後，世間及世界以外的十方國土的無數無量的天龍和鬼神，也都齊集到忉利天宮來了，它們是：四天王天、忉利天、須焰摩天、兜率陀天、化樂天、他化自在天、梵眾天、梵輔天、大梵天、少光天、無量光天、光音天、少淨天、無量淨天、遍淨天、福生天、福愛天、廣果天、無想天、無煩天、無熱天、善見天、善現天、色究竟天、摩醯首羅天、以及非想非非想處天，這諸天的一切天眾、龍眾、鬼神等，也都會集到忉利天宮。還有其他國土及世間的海神、江神、河神、樹神、山神、地神、川澤神、苗稼神、晝神、夜神、天神、空神、飲食神、草木神，這些眾多的神也都會集到此聽佛講經。還有其他國土及世間的諸位大鬼王們，所謂惡目鬼王、啖血鬼王、啖精氣鬼王、啖胎卵鬼王、行病鬼王、攝毒鬼王、慈心鬼王、福利鬼王、大愛敬鬼王，這些鬼王也都到這裏來集會，聽佛講經。

爾時，釋迦牟尼佛告文殊師利法王子❶菩薩摩訶薩：「汝觀是一切諸佛、菩薩及天龍鬼神，此世界，他世界，此國土，他國土，如是今來集會，到忉利天者，汝知數否？」文殊師利白佛言：「世尊，若以我神力，千劫❷測度，不能得知。」佛告文殊師利：「吾以佛眼❸觀故，猶不盡數。此皆是地藏菩薩久遠劫來，已度❹、當度、未度，已成就❺、當成就、未成就。」文殊師利白佛言：「世尊，我已過去久修善根，證❻無礙智，聞佛所言，即當信受。小果聲聞❼、天龍八部❽，及未來世諸眾生等，雖聞如來誠實之語，必懷疑惑，設使頂受，未免興謗。唯願世尊廣說地藏菩薩摩訶薩，因地作何行，立何願，而能成就不思議事？」

【章　旨】釋迦牟尼佛與文殊菩薩的對話。佛告訴文殊師利，這無數無量的集會之眾，都是地藏菩薩久遠劫來所化成的。文殊師利於是啟請釋迦牟尼佛說出地藏菩薩因地行願的詳情，以釋眾疑。由佛與文殊菩薩的問答引出地藏菩薩的話題。

【注　釋】❶文殊師利法王子　佛教四大菩薩之一，以智慧辯才為大菩薩中第一，故尊號為「大智文殊」，為佛祖右脅侍。其餘三位為大悲觀世音、大行普賢、大願地藏。文殊師利，梵語Manjusri音譯，又音譯為曼殊師利，意譯為妙德、妙吉祥。法王子，指文殊菩薩德行甚深，位居諸菩薩中的首領，將來會作為佛的事業的繼承人，如同王子要繼承國王的位置。❷千劫　表示極其長久的時間。劫，梵語Kalpa，音譯為劫波。劫分小劫、中劫、大劫。按佛教說法，起初人壽有八萬四千歲，每百年人壽減一歲，人壽減至十歲時，又每百年增加一歲，直到人壽達到八萬四千歲，稱為一劫。如是二十小劫，稱為一中劫，如是八十小劫，稱為一大劫。❸佛眼　眼有五種差別：第一肉眼，係凡夫所有的眼，所照不過分寸。第二天眼，是色界天人所有的眼，不問遠近內外日夜，都可以見到；人中修禪定的，也可以得到這種眼。第三慧眼，係二乘人照見真空無相之理的智能。第四法眼，是菩薩欲度眾生照見一切法門的智能。第五佛眼，指具足肉眼、天眼、慧眼、法眼四種眼之作用的眼，此眼一切皆見，無事不知，無事不聞。世尊用佛眼來觀。仍然不能盡知確實的數字，正顯地藏菩薩從歷劫以來，所化度的無盡眾生。❹度　引達世俗之人脫離苦海，超脫輪迴，達到超脫生死煩惱的佛的境界。❺成就　指地藏菩薩實現了化度世人的成果。❻證　即以智慧契合於真理，修習正法，如實體驗而悟入真理。❼小果聲聞　指修習小果聲聞小法者，即通過聽佛說法而得道的羅漢。小果，梵語Hinayana，即是小乘，這種人的修行知識已修，只顧自己，不管他人，因此所修的因不大，所得的果也小，稱為小果。這小果，包括獨覺、緣覺、聲聞三類，故此又叫做三乘人。❽天龍八部　指守護佛法的八種神。天龍為別稱，八部是總稱，這就是：天人、龍、夜叉、乾達婆（樂神）、阿修羅、迦樓羅（金翅鳥）、緊那羅（歌神）、摩羅迦（大蟒蛇、地龍）。

【語　譯】這時，釋迦牟尼佛告訴文殊師利法王子說：「你看這麼多的佛和菩薩，以及天、龍、鬼神，這個世界裏的，那個世界裏的，這方國土上的，以及那方國土上的，他們今天都聚集到忉利天宮來，你能知道他們的數目有多少嗎？」文殊師利佛回答說：「世尊，如果以我的神通和法力，那麼即使經過千劫這樣漫長的時間來思量測度，也是不能知道這個數字的。」佛告訴文殊師利說：「不但你不知道，就是我用佛眼來進行觀看，也不能知道這個數目究竟有多少。這些都是地藏菩薩自從久遠的劫時以來，已經救度的、應該救度的、或沒有救度的眾生，是使之已經修成佛，或正在修成佛，或沒有修成佛的眾生啊！」文殊師利又對佛祖說：「世尊，我從久遠的過去開始修習善根，已經證得了圓融無礙的大智慧，因此，我聽了佛所說的話能立即深信不疑、遵循領受。而像那些修學研習聲聞乘、不聞大法、成就尚淺的羅漢們，那些天龍八部眾以及未來世間的眾生們，雖然聽到了佛這麼真誠懇切的話，心裏仍然是疑惑不定，即使他們在表面上已經暫時頂戴奉持信受，但在內心仍然未必能遵循領受，甚至說出一些譭謗佛法的話來。所以，真誠希望世尊你能廣泛地詳細地宣說地藏大菩薩在因地因時做了怎樣的善事，立下了什麼樣的宏大誓願，才能成就如此不可思議之事。」

佛告文殊師利：「譬如三千大千世界❶，所有草木叢林、稻麻竹葦、山石微塵，一物一數作一恆河，一恆河沙❷，一沙一界；一界之內，一塵一劫，一劫之內，所積塵數，盡充為劫。地藏菩薩證十地果位❸已來，千倍多於上喻，何況地藏菩薩在聲聞辟支佛❹地。文殊師利，此菩薩威神誓願，不可思議。若未來世，有善男子善女人❺，聞是菩薩名字，或讚歎，或瞻禮，或稱名，或供養，乃至彩畫刻鏤，塑漆形像，是人當得百返生於三十三天❻，永不墮惡道❼。

【章　旨】佛以比喻強調地藏菩薩久遠劫來，所積累的不可思議的功德，如果世間眾生能以行動禮之敬之，如讚歎、禮拜、稱頌、供養、繪佛像等，那麼從地藏菩薩處所獲得善報就受用不盡。進一步宣稱地藏菩薩的不可思議的神力。

【注　釋】❶三千大千世界　又稱三千世界。佛教以須彌山為中心，以鐵圍山為外圍，同日月所照的四天下為一「小世界」，一千「小世界」為一「小千世界」，一千「小千世界」為一「中千世界」，一千「中千世界」為一「大千世界」。三千大千世界，泛指全宇宙，言世界之廣闊無邊。❷恆河沙　佛教中常常以恆河沙喻極多，永無窮盡，不可勝數之意。❸十地果位　指佛教修行過程中的十個階位。十地是：歡喜地、離垢地、發光地、焰慧地、難勝地、現前地、遠行地、不行地、菩薩地、法雲地。證到此十地果位，能漸開佛眼，成就一切種智。❹聲聞辟支佛　指未經過佛指導就能獨立覺悟卻又不對人說法或教化的聖者，又稱「緣覺」、「阿羅漢」。聲聞，意為聽佛說法而得覺悟者。辟支佛，意為緣覺或獨覺。❺善男子善女人　指歸依信奉佛法的男女。❻三十三天　即指忉利天。❼惡道　又稱惡趣，即前生作惡之人死後的去所，入地獄，轉為餓鬼、畜生。

【語　譯】釋迦牟尼佛告訴文殊師利大菩薩說：「比如在三千大千世界裏，所有的草木叢林、稻麻竹葦、山石微塵等，每一種東西作為一個數目，每一個數目作為一條恆河，在每一條恆河中的每一粒沙，譬喻為一個世界；在每一個世界中，每一粒微塵把它作為一個劫，每一劫之中所積累的微塵數，又都來算作劫數。地藏菩薩自從修習證得十地果位以來，所經過的時間，度化的眾生，已經比上面所作譬喻數目的千倍還要多，更何況，地藏菩薩還是從阿羅漢緣覺道開始修行的呢！文殊師利，這位菩薩的威力神通和他所發下的大誓願力，真是不可以心思、不可以言說的宏大啊！倘若未來世時，有皈依佛法的善男信女，一聽到地藏菩薩的名字，或者稱讚他，或者瞻仰禮拜他，或者稱念頌揚他的名號，或者對他加以虔誠的供養，甚至用色彩來繪畫他的相貌形態，或者請巧匠來雕塑他的形象，或者用漆塑來塑造他的形象，那麼，這個人死後必定能百次地往返降生於三十三天，享受福報，而且永遠不會墮入地獄、餓鬼、畜生這三惡道裏去。

「文殊師利，是地藏菩薩摩訶薩，於過去久遠不可說不可說劫前，身為大長者子❶。時世有佛號曰師子奮迅具足萬行如來❷。時長者子見佛相好❸，千福莊嚴❹，因問彼佛作何行願而得此相？時師子奮迅具足萬行如來告長者子：『欲證此身，為須久遠，度脫一切受苦眾生。』文殊師利，時長者子因發願言：『我今盡未來際不可計劫，為是罪苦六道❺眾生，廣設方便❻，盡令解脫❼，而我自身，方成佛道。』以是於彼佛前，立斯大願，於今百千萬億那由他❽不可說劫，尚為菩薩。

【章　旨】地藏菩薩在過去身為大長者子時，為獲得千福莊嚴的美好相貌，曾立下誓願：「我今盡未來際不可計劫，為這些罪苦六道眾生，廣設方便，盡令解脫，而我自身，方成佛道。」言獲得利益應有善心和付出也。

【注　釋】❶大長者子　指地藏菩薩在過去許多的劫數以前，是一位大長者的兒子。長者，梵語Drhapati，佛教稱具備十德（姓貴、位高、大富、威猛、智深、年高、行淨、禮備、上歎、下歸）的人，後一般指有威望，有財勢的老者。❷師子奮迅具足萬行如來　佛號名。師子奮迅，梵語Simhavikridita，又作獅子奮迅，謂獅子奮起之時，諸根開張，身毛俱豎，其勢迅速勇猛，以其威嚴嘯吼之相，令其他獸類盡失威鼠伏，而使獅子雄威俱增，比喻佛之神力大威。具足萬行，指一切俱足，精神圓滿，諸福齊具。❸相好　佛身體所具有的特徵。相是大的特徵，好是小的特徵。佛有三十二種相，八十種好。❹千福莊嚴　這種相須在百劫之中修福方可以得到。每修一百福可得一相，稱百福莊嚴，修成三十二相則需三千二百福，因此稱為千福莊嚴。❺六道　指眾生根據其以前的善惡行為，有六種輪迴轉生的趨向或境地，分別是：地獄、餓鬼、畜生、人、天、阿修羅，也稱為「六趣」，前三種為「惡道」，後三種為「善道」。❻方便　指菩薩運用各種方式手段利益他人、教化眾生。❼解脫　指擺脫困境或煩惱，不受俗務所羈絆，超脫世俗，達到涅槃的境地。❽那由他　梵語Nayuta之音譯，又譯為那由多、那庾他，通常表示數目很多的意思。

【語　譯】「文殊師利，這位地藏菩薩，在過去久遠的說不盡的劫數以前，是一位有財有勢的大長者的兒子。當時有一位佛，名號叫師子奮迅具足萬行如來。大長者的兒子看到這位佛的美好相貌，是千種福業所致的莊重嚴整形象，便問這位佛以前作了什麼樣的功德，發過什麼宏願，才獲得如此莊嚴美好的身體面相？這時候，師子奮迅具足萬行如來告訴長者之子說：『你若要修得這樣的莊嚴面相，就應當在久遠的大劫中，救脫超度一切受苦受難的眾生，令他們離苦得樂。』文殊師利，在這種情況下，長者的兒子就立下了誓願說：『我從現在起，直至未來漫長的無法計算劫數中，為這些在六道中輪迴受苦的眾生，廣設種種方便法門，使他們得以全部解脫，然後我自己本身才成就佛道。』於是，他就在師子奮迅具足萬行如來的面前立下了這個宏大誓願，因此，到現在，已經經歷了無以計數的千千萬萬的劫數，他還是菩薩，沒有成佛。

「又於過去不可思議阿僧祇❶劫，時世有佛號曰覺華定自在王如來❷，彼佛壽命四百千萬億阿僧祇劫。像法❸之中，有一婆羅門❹女，宿福❺深厚，眾所欽敬，行住坐臥，諸天❻衛護。其母信邪，常輕三寶❼。是時聖女廣說方便，勸誘其母，令生正見❽，而此女母未全生信。不久命終，魂神墮在無間地獄❾。

【章　旨】地藏菩薩於過去無量阿僧祇劫時，為一婆羅門女。她的母親不聽其誘導，蔑視佛、法、僧三寶，信邪道，而受到死後墮入地獄受苦的報應。

【注　釋】❶阿僧祇　梵語Asamkhyaorasamkhyyeya的音譯，意為無數的，佛教用以表示久遠、大量，無法用一般算數表示的計算單位，此謂非常非常久遠的時間。❷覺華定自在王如來　佛的名號。覺華，覺悟時心境開朗，如蓮花開放。定自在王，指攝心入定，抉破羅網，得大自在，故名。❸像法　佛教認為，佛法在釋迦牟尼之後，其教法的流行狀態經歷正法、像法、末法三個時期。正法時代，佛法流行，人多開悟。像法時代，證（覺悟、覺證）已經不存在，只有教與行二者有留，這是模仿正法時代。主要特徵是廣修廟宇、建造塔像，佛的形象流布於世，但佛法傳播不甚正確，故稱像法時代。末法時代，佛教流行最不景氣，是只有「教」而無「行」、「證」的時代，佛教衰微。❹婆羅門　梵語Brahmana的音譯，意譯為「潔淨、淨行」等，為古印度四大種姓之首，在印度四姓之中，惟婆羅門能修行，最尊最勝，受人眾供養，餘姓不得侵越。是最尊貴的祭司，一切知識的壟斷者，是古印度的「人間之神」。從事修行專求解脫的婆羅門稱為「梵志」。❺宿福　又稱宿作福、宿業，是往昔所修的福，因作善事而積累的福業。❻諸天　指各位天神。❼三寶　指構成佛教的三個最重要的因素，指佛寶、法寶、僧寶。佛寶，是釋迦牟尼本身；法寶，指佛教的教理、教法；僧寶，指佛教僧徒及其僧團。❽正見　正確的見解，指離卻種種邪惡之見，形成符合佛教理論、行為的見解、信仰。是佛教「八正道」之一。❾無間地獄　佛教「八大地獄」之一，又稱阿鼻地獄，罪鬼在此不停地受到酷刑，無所間隙。

【語譯】「又在過去那無數無量的劫數以前，那時有一位佛，名號叫覺華定自在王如來，這位佛的壽命有四百千萬億阿僧祇劫那麼久長。在此佛的像法時代，有一位婆羅門種姓的女子，經過長期的修行，種植了極深厚的善根善功，因此，人們都很欽佩、敬重於她，她無論行住坐臥，都有諸位天神來保護。但是，她的母親卻偏信邪魔歪道，對佛、法、僧三寶非議輕慢。這時候，這位婆羅門聖女，就多方施設種種的方便法門，來勸令誘導她的母親，讓她生起正確的知見，信仰佛法正道。但婆羅門女的母親，並不能完全的信仰奉持佛法。所以沒過多久，她的母親便去世了。其母死後，鬼魂也就墮入到無間地獄裏了。

「時婆羅門女知母在世，不信因果❶，計當隨業❷，必生惡趣❸。遂賣家宅，廣求香華及諸供具，於先佛❹塔寺大興供養。見覺華定自在王如來，其形像在一寺中，塑畫威容，端嚴畢備。時婆羅門女瞻禮尊容，倍生敬仰，私自念言：『佛名大覺，具一切智❺，若在世時，我母死後，儻來問佛，必知處所。』時婆羅門女垂泣良久，瞻戀如來。忽聞空中聲曰：『泣者聖女，勿至悲哀，我今示汝母之去處。』婆羅門女合掌向空而白空曰：『是何神德，寬我憂慮？我自失母以來，晝夜憶念，無處可問知母生界。』時空中有聲再報女曰：『我是汝所瞻禮者過去覺華定自在王如來，見汝憶母，倍於常情眾生之分，故來告示。』

【章　旨】婆羅門女為求知其母投身之處，盡傾家財以供養佛，想盡一切辦法救度母親，覺華定自在王如來為其孝行所感動，便告知其母去處。宣揚婆羅門女的孝行，而且告誡人們：善行必有善報。

【注　釋】❶因果　緣因和結果，即佛教因果報應的理論。佛教認為，「善有善報，惡有惡報，凡有善惡之作，必得善惡的果報」。因果報應是佛教的基本理論之一。❷隨業　指以其身心活動的善惡而得到應有的報應。業，指佛教的一切身心活動（言語、行動、意識等）。❸惡趣　又稱惡處、惡道。眾生行惡業，結果必然趨於邪惡的處所，這便是惡趣。具體而言，指生前作惡者死後將墮入地獄、餓鬼、畜生三惡道中。❹先佛　指覺華定自在王如來佛。❺一切智　梵語Sarvajnata之意譯，音譯為薩婆若、薩雲然。指了知內外一切法相之智。

【語譯】「這時，這位婆羅門女知道她的母親在世時，不相信因果報應的道理，作了惡事，估計母親必然隨她的惡業墮入地獄、餓鬼、畜生三惡道中。於是，為了救拔她的母親，婆羅門女變賣掉了房屋宅地田產等，到處籌備購買最上等的香，最名貴的花和其他各種各樣供佛所用的器具物品，在各處的佛像、寶塔、寺廟裏，一心一意供養。她看到覺華定自在王如來佛的狀貌形象在一所寺院裏，塑畫得完美無缺，可謂容貌威儀，端正莊嚴。這時，婆羅門女瞻仰禮拜了該佛的尊容後，當即倍生敬仰之心。私下心裏說道：『既然這位佛名號叫大覺，那一定是具備一切圓滿的智慧的，如果這位佛還在世間，那麼，即使我母親已經去世，我來請問這尊佛，佛必定知道我母親死後往生到哪裏去了。』婆羅門女此時很長時間淚流不止，瞻仰戀慕如來。猛然間，聽到空中有個聲音對他說：『哭泣的聖女啊，切莫過於悲哀傷心了，我現在就告訴你，你母親魂神所去的地方。』婆羅門女一聽到這話，立即雙手合掌，向空中遙拜，並說：『是哪位神靈，如此大恩大德來寬慰我的憂愁呢？我自從失去母親以後，晝夜無時不在思念，可是，沒有誰告訴我我母親的往生之處。』這時，空中有聲再次回答婆羅門女說：『我就是你所瞻仰禮拜的過去佛覺華定自在王如來，因為見你思母心切，大大超過了一般眾生的常人之情，所以來告訴你你母親往生的去處。』」

「婆羅門女聞此聲已，舉身自撲，支節皆損。左右扶持，良久方蘇，而白空曰：『願佛慈愍，速說我母生界❶，我今身心將死不久。』時覺華定自在王如來，告聖女曰：『汝供養畢，但早返舍，端坐思惟吾之名號，即當知母所生去處。』」

【章旨】婆羅門女為尋找其母親的去處而身心俱憊，覺華定自在王如來告訴婆羅門女尋找其母的方便法門。

【注釋】❶生界　指受生、托生的境地。

【語譯】「婆羅門女聽完這話以後，情不自禁舉身向前猛撲禮佛，竟將自己的肢節都跌損了。左右的人把她扶起，很長時間才蘇醒過來，隨即對著空中說：『但願我佛大發慈悲可憐我、愍念我，請趕快告訴我母親投身的地方，我現在身體已傷，不久將要死了。』這時，覺華定自在王如來告訴婆羅門女說：『你供養完畢後，早點回家，專心打坐，一心思念我的名號，不久就會知道你母親往生的去處。』」

「時婆羅門女，尋禮佛已，即歸其舍。以憶母故，端坐念覺華定自在王如來。經一日一夜，忽見自身到一海邊，其水涌沸，多諸惡獸，盡復鐵身，飛走海上，東西馳逐。見諸男子女人百千萬數，出沒海中，被諸惡獸，爭相食啖。又見夜叉❶，其形各異，或多手多眼，多頭多足，口牙外出，利刃如劍。驅諸罪人，使近惡獸。復自搏攫，頭足相就。其形萬類，不敢久視。時婆羅門女，以念佛力故，自然無懼。

【章　旨】婆羅門女依仗佛力，來到大鐵圍山西面第一重海，見到罪業眾生受報的諸多慘相。

【注　釋】❶夜叉　梵語Yaksa之音譯，又譯作藥叉、夜乞叉，意譯為捷疾鬼，佛教八部眾之一，係地獄鬼群之中的一類。

【語　譯】「當時，婆羅門女趕緊瞻仰禮拜佛，供養完畢後，立即回家。因為懷念母親的緣故，她便一心一意端坐誦念覺華定自在王如來的名號。這樣經過了一天一夜，忽然發現自己來到了一個大海邊，那裏的海水洶湧滾盪，其中有很多威猛的獸類，都有著鐵的身子，在海上飛一般的東奔西走，互相追逐。又看見許許多多的男人和女人，成百成千成萬，一時浮出海面，被那些兇猛的獸類爭相吞食。還看見許多的夜叉，它們的形狀各不相同，有的長著許多手、許多眼、許多頭、許多腳，嘴裏森森的牙齒向外露出，像刀劍一樣的鋒利。他們驅趕著那些犯了罪的人，把他們趕向那些兇惡的猛獸，以使惡獸們撕咬吞食。又看到這些夜叉鬼自相打鬥殘殺，頭腳相抵。各種各樣的情形千奇萬怪，令人毛骨悚然而不敢久視。此時，婆羅門女因為念覺華定自在王如來的名號，有佛的法力保護，自然沒有恐懼。

「有一鬼王，名曰無毒，稽首來迎，白聖女曰：『善哉！菩薩，何緣來此？』時婆羅門女問鬼王曰：『此是何處？』無毒答曰：『此是大鐵圍山❶西面第一重海。』聖女問曰：『我聞鐵圍山之內，地獄在中，是事實不？』無毒答曰：『實有地獄。』聖女問曰：『我今云何得到獄所？』無毒答曰：『若非威神，即須業力❷。非此二事，終不能到。』聖女又問：『此水何緣而乃涌沸？多諸罪人及以惡獸？』無毒答曰：『此是閻浮提❸造惡眾生新死之者，經四十九日後，無人繼嗣，為作功德❹，救拔苦難；生時又無善因，當據本業，所感地獄，自然先渡此海。海東十萬由旬❺，又有一海，其苦倍此。彼海之東，又有一海，其苦復倍。三業❻惡因之所招感，共號業海，其處是也。』

【章旨】無毒鬼王向婆羅門女解說其所至何處，並告訴她具有了怎樣的條件的人才能進到地獄，還向婆羅門女解釋了何為「業海」及惡人在「業海」遭報應的情況。

【注　釋】❶鐵圍山　佛家又稱「鐵輪山」，此山以須彌山為中心，外圍有九山八海，第八海為鹹海，四圍之中又有須彌山、四大部洲、八中洲等，形成一個小千世界。圍繞鹹海即是鐵圍山，傳說此山由鐵組成。❷業力　指前世或前時所表現的行為招引結果的力量。具體就是以「業」為原因，招感果報的力量。❸閻浮提　梵語Jambudvipa，亦稱「閻浮」、「南閻浮提」，是指俗世眾生所居住的地方。閻浮提即為須彌山四方的四洲之一，即是位於南方的南贍部洲，上面生長許多贍部樹，「閻浮」即「贍部」樹名。「提」即「洲」，後泛指人間世界。❹功德　指做善事而得的善報，如念佛、誦經、布施、建佛塔、印佛典等。❺由旬　古印度計算距離的單位，以帝王一日行軍的路程為一由旬，約為今天的二十公里左右，此處指很遠很遠的距離。❻三業　指身、口、意三業。身業，指身所作及無作之業，有善有惡，如殺生、欲邪行等為惡業；如果不殺、不盜、不邪淫，即為身善業。口業，又作語業，指口所作及無作之業，有善有惡，如妄語、惡語、離間語等為口惡業；不妄語、不惡語、不綺語等則為口善業。意業，指意之所起之業，有善有惡，如貪欲、嗔欲、邪見等為意惡業；若不貪、不嗔、不邪見則為意善業。

【語　譯】「這時，有一位鬼王，名號叫做無毒鬼王，他磕頭前來迎接聖女，並對她說：『善哉！菩薩，你為什麼到這裏來呢？』婆羅門女這時就問鬼王說：『這是什麼地方啊？』無毒鬼王回答說：『這就是大鐵圍山西面第一重海。』聖女又問道：『我聽說鐵圍山的裏面有地獄，這是真的嗎？』無毒鬼王回答道：『確實是有地獄。』聖女繼續問：『我現在怎麼樣才能到地獄中去呢？』無毒回答說：『如果不是有威德神通的力量，就得有業障的力量，如果沒有這兩種因緣，是永遠也不可能到這地方來的。』聖女又問鬼王說：『這裏的海水為什麼滾沸不已呢？為什麼有這麼多的罪人及兇惡的野獸呢？』無毒鬼王回答說：『這些都是在人世間作了惡的眾生，剛死之時，經過四十九天以後，如果沒有人為他繼承香火，建造功德，救拔他們出離苦難；而他們活著的時候，又沒有修善行的因緣，那麼就應該根據他在世時本來所作的惡業，去承受自己所召來的報應，這自然要先渡過這第一重海。這海的東面過去十萬由旬的地方，又有一重海，那裏的苦楚要比這裏的苦楚加重一倍。那海的東面，又有一重海，其間的苦楚更是倍上加倍。這三重海，都是眾生由生前所作三種之因緣而感召而來的，它們的名稱叫做業海，這裏就是。』

「聖女又問鬼王無毒曰：『地獄何在？』無毒答曰：『三海之內，是大地獄，其數百千，各各差別。所謂大者，具有十八；次有五百，苦毒無量❶；次有千百，亦無量苦。』聖女又問大鬼王曰：『我母死來未久，不知魂神當至何趣？』鬼王問聖女曰：『菩薩之母，在生習何行業？』聖女答曰：『我母邪見，譏毀三寶；設或暫信，旋又不敬。死雖日淺，未知生處。』無毒問曰：『菩薩之母，姓氏何等？』聖女答曰：『我父我母，俱婆羅門種。父號尸羅善現，母號悅帝利。』無毒合掌，啟菩薩曰：『願聖者卻返本處，無至憂憶悲戀。悅帝利罪女，生天以來，經今三日。云承孝順之子，為母設供修福，布施覺華定自在王如來塔寺，非唯菩薩之母得脫地獄，應是無間罪人❷，此日悉得受樂，俱同生訖。』鬼王言畢，合掌而退。

【章旨】鬼王告知聖女，因為其至誠的孝思與孝行，她的母親得以脫離地獄，受生到天上享受快樂。地藏菩薩的此等孝思與孝行，實在可嘉，又一次彰顯了善有善報的思想。

【注釋】❶無量　無法計量，言極多之意。❷無間罪人　指因為生前業報墮入無間地獄受苦的罪惡眾生。

【語譯】「聖女又問無毒鬼王說：『那麼地獄究竟是在什麼地方呢？』無毒鬼王回答說：『在這三重業海之內，就是大地獄，地獄的數目有百千種之多，每個地獄又各不相同。所謂的大地獄有十八個；次一等的有五百個，每個地獄所受的苦楚都是無以復加的；再次一等的小地獄也有千百個之多，那裏所受的苦也是無以計量的啊！』聖女又問大鬼王說：『我的母親去世的時間不長，不知道她的魂神投身到什麼地方去了？』鬼王就問聖女說：『菩薩您的母親在世時所作所為怎麼樣啊？』聖女回答說：『我母親在世時懷有不正確的邪見，譏笑誹謗佛、法、僧三寶；即使偶爾暫時相信了佛法，可是過了一陣子又不相信不恭敬了。她去世的時間雖然不長，可我卻不知道她會往生到什麼地方去。』無毒鬼王又問聖女說：『菩薩的母親姓什麼，是什麼等級的種族？』聖女回答說：『我的父母親都是婆羅門種族的。我的父親名叫尸羅善現，母親名叫悅帝利。』無毒鬼王合掌對菩薩說：『願聖者返回原來的地方，不必過於憂愁悲哀思念母親了。您的母親悅帝利罪女，已經脫離地獄，生到天上去，已經有三天了。聽說是她那孝順的女兒，變賣家產，為她的母親設齋修福做功德，在覺華定自在王如來塔寺布施積功德。因此，不但菩薩的母親得以脫離地獄，就是那些應該在地獄之中受苦的罪人，這一天都得到你的恩澤，隨同你的母親一道升天享樂了。』鬼王說完，恭敬的合掌而退。

「婆羅門女尋如夢歸，悟此事已，便於覺華定自在王如來塔像之前，立弘誓願：『願我盡未來劫❶，應有罪苦眾生，廣設方便，使令解脫。』佛告文殊師利：「時鬼王無毒者，當今財首菩薩是；婆羅門女者，即地藏菩薩是。」

【章　旨】婆羅門女發弘誓大願，立志普度罪苦眾生，也就是當今的地藏菩薩。

【注　釋】❶未來劫　即指今後的若干劫的時間裏。

【語　譯】「婆羅門女不久便如同從夢中醒來一樣。她明白這件事情後，便在覺華定自在王如來塔像之前，立下了宏大的誓願：『我願意窮盡未來歲月的所有劫數，為那些造罪受苦的眾生，廣設種種方便法門，使他們得以解脫，永離苦海。』」佛告訴文殊師利菩薩：「當時那個無毒鬼王，就是當今的財首菩薩；那位婆羅門女，就是現在的地藏菩薩。」

【說　明】本品是《地藏菩薩本願經》第一品。該品的敘述方法，所含的意蘊及存在的問題，都值得讀者朋友注意。首先我們看看其引出「地藏菩薩話題」敘述方法。先是安置了一個背景。這個背景就是佛為其母說法，吸引了各種佛、菩薩、神、鬼、眾生來聽講。當聽眾正沉浸在佛法快樂之中時，佛突然問諸佛之中極具智慧文殊師利菩薩，是否能算出到忉利天宮聽佛法的人數。當文殊師利回答不能的時候，佛馬上說這是地藏菩薩遠劫以來已度、當度、未度的眾生。這樣便引起了文殊師利對地藏菩薩品行的欽敬和神力的好奇，便要求佛為聽眾講述地藏菩薩身世、經歷和功德。如是，《地藏菩薩本願經》的經說序幕由此拉開。這種方法在敘述地藏菩薩成就其大功德也用上了。當地藏作為大長者兒子後，偶然遇到獅子奮迅具足萬行如來佛，見此佛面相莊嚴美好，便欲獲得，獅子奮迅具足萬行如來佛告訴他要救脫一切眾生，才能成就如此佼好莊嚴的面容，這樣關於地藏菩薩成就功德的事蹟的敘述便順理成章地展示開來。預設問題，引起疑問，對疑問的解答，就是本品引出「地藏菩薩」話題的方式，足見佛經敘述也是頗講究邏輯性、頗有手法的。其次要談的是本品所含具的現代意蘊。佛在敘述地藏菩薩身世、經歷及所做功德的過程中，特別提到地藏的宏誓大願是盡度受苦眾生，有一眾生不成佛，自己誓不成佛，再苦再累再難，都為之努力而永不言退，所謂「知其不可而為之」，地藏菩薩替他人著想、先人後己的精神，由此呈現在人們面前。此外，佛告訴人們，地藏菩薩曾是婆羅門女，只因自己母親作惡多端，誹謗佛、法、僧三寶，而被發落到地獄。為了救拔自己的母親，地藏不惜傾家蕩產，變賣家中所有值錢的財物，四處奔波，籌買香花，以供奉如來佛；不畏險惡，下到地獄，尋找自己的母親。這樣，「孝」的品行便合理地凸顯出來。無疑，先人後己的品德、敬養前輩或先輩的「孝」的品行，都是現代社會所需要的。地藏在實踐這兩種精神方面，不愧是一個楷模。

最後談談本品中所存在的問題。其一，該品中一處提到地藏是一個大長者的兒子，另一處又提到地藏是婆羅門女，這在常識上是解釋不通的。這一方面說明了佛的良苦用心，因為救度不同根器的人需要不同的方法和手段，即地藏菩薩為了救拔眾生需要「分身」為不同的角色；另一方面則說明，佛教在很大程度上具有神話性質。其二，由此品看出，在佛教中，「孝」表現為具體的「心」，此「心」又表現為對佛的膜拜、敬仰，以致於捨棄家財；而在儒家，「孝」也表現為「心」，但此「心」表現為對長輩、老人的精心侍奉、敬養、安慰。儒佛之「孝」大概是有所差異的。

分身集會品第二

【題解】 本品述說地藏菩薩在所有世界和地獄的分身都應召會集到忉利天宮，聆聽佛法，領受佛的殷切教導囑咐。佛告訴地藏菩薩自己教化眾生的方法，即對自己而言需分百千萬億身形、各以方便，進行度脫；對所化導對象則要因根器不同而施與不同的方法。地藏菩薩對佛的教導十分感激，再次向佛發願：不度盡一切眾生，自己誓不成佛。

爾時百千萬億不可思、不可議、不可量、不可說、無量阿僧祇世界，所有地獄處，分身❶地藏菩薩，俱來集在忉利天宮。以如來神力故，各以方便，與諸得解脫從業道❷出者，變各有千萬億那由他數，共持香花來供養佛。彼諸同來等輩，皆因地藏菩薩教化，永不退轉於阿耨多羅三藐三菩提❸。是諸眾等，久遠劫來，流浪生死，六道受苦，暫無休息。以地藏菩薩廣大慈悲，深誓願故，各獲果證❹。既至忉利，心懷踴躍，瞻仰如來，目不暫舍。

【章　旨】各地分身地藏菩薩及其所度脫業道眾生，都會集到忉利天宮。其中那數不清的眾生，都捧著鮮花和香燭來敬奉地藏菩薩，因為是地藏菩薩以大慈大悲之心，拯救了他們。因而他們個個興高采烈，虔誠地瞻仰佛的尊容。

【注　釋】❶分身　佛教認為，佛教徒為了化度眾生，修成正果，就得分身。這種分身就是因眾生的機緣，而化作不同的身體形態，到每一個世界裏，去教化有緣的眾生。❷業道　指善惡的因緣所招感苦樂的果報的場所或通道。❸阿耨多羅三藐三菩提　梵語Anuttara-samyak-sambodhi的音譯，指對佛教真理的無比完全的覺悟，以及無所不知的智慧，也稱「無上正等正覺」。「無上」指最高和無與倫比；「正」即不偏不倚；「等」即等同；「正覺」指非凡的大覺悟。「無上正等正覺」，指大乘菩薩成佛時所具有的由知諸法實性而對一切事物無不知無不解的智慧，是修習大乘法的圓滿果德。❹果證　指通過修行所達到的果位，即成佛過程中所經歷的各個階段、等級。

【語　譯】這時，有百千萬億無法想像、無法談論、無法估量、無法言說、多得不可思議的各個世界中的，以及分布在所有地獄中的分身地藏菩薩都來到忉利天宮集會。因為如來所具有的廣大的神通威力的緣故，諸位分身菩薩都來齊了，加上千萬億數不清數目的得以從業道裏解脫出來的眾生，大家都手捧著名貴的香燭和鮮花，前來供奉佛陀。那些跟隨諸位分身菩薩一同前來的眾生，都得到了地藏菩薩的教化，永遠不會再從無上正等正覺的佛法中退轉回地獄去。這些眾生，自從久遠的劫數以來，一直都在生死輪迴中顛沛流離，飽受六道輪迴之苦，片刻也不得安寧。由於地藏菩薩以大慈大悲之心，發下宏大誓願極力拯救的緣故，他們一個個都得到了解脫，修成了正果。所以他們現在來到了忉利天宮，內心十分歡喜激動，雀躍不已。他們恭敬的瞻仰如來，眼睛一刻也不願意離開佛的尊容。

爾時世尊舒金色臂，摩百千萬億不可思、不可議、不可量、不可說，無量阿僧祇世界諸分身地藏菩薩摩訶薩頂❶，而作是言：「吾於五濁惡世，教化如是剛強眾生❷，令心調伏，舍邪歸正。十有一二，尚惡習在。吾變分身千百億，廣設方便。或有利根❸，聞即信受；或有善果，勤勸成就；或有暗鈍❹，久化方歸；或有業重，不生敬仰。如是等輩眾生，各各差別，分身度脫。或現男子身，或現女人身，或現天龍身，或現神鬼身，或現山林川原、河池泉井，利及於人，悉皆度脫；或現天帝❺身，或現梵王❻身，或現轉輪王❼身，或現居士❽身，或現國王身，或現宰輔❾身，或現官屬❿身，或現比丘⓫、比丘尼⓬、優婆塞⓭、優婆夷⓮身，以至聲聞、羅漢、辟支佛、菩薩等身，而以化度，非但佛身獨現其前。汝觀吾累劫勤苦，度脫如是等難化剛強罪苦眾生，其有未調伏者，隨業報應；若墮惡趣，受大苦時，汝當憶念吾在忉利天宮殷勤付囑，令娑婆世界至彌勒⑮出世已來眾生，悉使解脫，永離諸苦，遇佛授記⑯。」

【章　旨】佛通過自己對眾生的教化實踐和方式，為地藏菩薩示範，並叮囑地藏菩薩，欲建立解脫罪惡眾生之功德，要在思想上有受苦的準備，只有歷經各種磨難，才可能使剛烈頑固、身受罪業的眾生永遠獲得解脫。

【注　釋】❶摩訶薩頂　即用手撫摩弟子的頭頂，乃佛向弟子表示的最高慈愛之意。佛教的禮儀之一。❷剛強眾生　指剛烈、強悍、兇暴的世俗眾生。❸利根　即聰明的資質。佛教指有情眾生中能夠較快接受佛道，易於覺悟解脫的根器。❹暗鈍　指有情眾生中對佛道接受較遲鈍的根性。❺天帝　又稱「天帝釋」、「帝釋天」，為佛教三十三天即忉利天的帝王。❻梵王　佛教大梵天之王，名尸棄。古印度神話中的創世大神，所以叫大梵天王，掌管色界諸天。常在佛右，手持白拂，與帝釋相對。❼轉輪王　佛教護法神名號，又稱「轉輪聖王」、「轉輪聖帝」、「輪王」，相傳為護地獄之神，共四位，分別為金輪王、銀輪王、銅輪王、鐵輪王。金輪王最大，領導地獄四洲。銀輪王領地獄東、西、南三洲。銅輪王領地獄東、南二洲。鐵輪王領地獄南洲。❽居士　指居家之佛教徒。在古印度，是指從事工商業的富豪或在家有道之士，現代在家修行的人，都可稱為居士。❾宰輔　即輔佐皇帝、身居要位的官員。❿官屬　指為政府所用的官僚。⓫比丘　指受過足戒的男性僧人，俗稱和尚。⓬比丘尼　指女性的出家人，俗稱尼姑。⓭優婆塞　指男性的在家信佛者，即在家的男性信徒，又稱男居士。⓮優婆夷　指女性的在家信佛者，即在家的女性信徒，又稱女居士。⓯彌勒　梵語Maitreya音譯，佛教菩薩名，是從佛得到預記，將繼承釋迦牟尼佛而在未來成佛的菩薩，傳說他出生於婆羅門家庭，後來成為佛的弟子，先於佛入滅，歸於兜率天宮內院，經過四千歲（相當於人間的五十六億七千萬年）後下生人間，於華林園龍華樹下成佛，弘揚佛法，被視為改天換地之佛，尚未出現，所以又稱為後生佛、未來佛，此佛被視為釋迦牟尼佛的繼位者。

⑯授記　梵語Vyakarana意譯，佛給弟子授予需傳之後世的成佛的標誌與預言或佛理。

【語譯】這時候，佛伸出他那金色的手臂，輕輕地摩挲著這百千萬億不可想像、多得不可思議的無數世界中的諸位分身地藏菩薩摩訶薩的頭頂，深深地對他們說了這樣的話：「我在五濁惡世之中，教化這麼多性情頑劣難化的眾生，使他們都能調伏柔順，捨棄邪道，歸於正道，從此皈依信奉佛法。但在他們十個之中，往往還有十分之一、二個依舊惡習不改，難以教化。我又分作千百萬億個化身，廣設種種方便法門來度脫他們。其中有些慧根的，敏銳而聰明，聽我一講佛法，就能很快相信接受；有些人做過善事的，修道有一定成就，只要加以勸勉的勸說，長期教化，最終也能成就佛道；也有的人，雖然生性愚蠢魯鈍，長期細心的感化教導他們，最終也能使他們歸依佛法；還有那些罪業深重的眾生，即使經過勸誘利導，他們仍然生不出景仰佛法之心。像這樣的種種眾生，他們各有不同的根性稟質，我都要分身前去度脫他們，令他們得以解脫。我或者現出男子身，或者現出女子身，或者現出天龍護法神身，或者現出神鬼身，或者現為高山、森林、平川、原野、大河、池塘、泉水、井窖等等不同之相，從而方便有利於眾生，使他們能夠悉數解脫；我或者以帝釋天之身顯現，或者以梵王之身顯現，或者化身為輪轉王，或者化身為居士，或者現為國王身、或現為宰相大臣身，或者現身為和尚、尼姑、男居士、女居士。甚至現身為聲聞、羅漢、辟支佛、菩薩等身，用種種身相來教化度脫眾生，而不僅是以佛身出現在眾生面前。地藏菩薩，你看我歷經無數的劫數以來，這樣勤勉辛勞的超脫度化這些剛劣頑固的、身受罪業的苦難眾生，對於其中那些還沒有調伏度脫的，只好隨其惡業而墮入地獄、餓鬼、畜生三惡中；當他們承受大苦大難因果報應時，你應當記著我在忉利天宮再次囑咐你的話，令那些人間世界到彌勒佛出世以來的芸芸眾生，全部使他們得到解脫，永遠遠離各種苦難，直到他們見聞佛法，而佛為他們授記。」

爾時諸世界分身地藏菩薩，共復一形，涕淚哀戀，白其佛言：「我從久遠劫來，蒙佛接引，使獲不可思議神力，具大智慧，我所分身，遍滿百千萬億恆河沙世界，每一世界，化百千萬億身，每一身度百千萬億人，令歸敬三寶，永離生死，至涅槃❶樂。但於佛法中所為善事，一毛一渧，一沙一塵，或毫髮許。我漸度脫，使獲大利。唯願世尊，不以後世惡業眾生為慮。」如是三白佛言❷：「唯願世尊不以後世惡業眾生為慮。」爾時佛讚地藏菩薩言：「善哉，善哉，吾助汝喜，汝能成就，久遠劫來，發弘誓願，廣度將畢，即證菩提❸。」

【章旨】地藏菩薩承聽了佛的教導，並向佛保證，必定逐漸度脫大千眾生，使他們獲得大利。

【注　釋】❶涅槃　梵語Niavana，巴利語Nibbana音譯，又音譯作泥洹、涅槃那等，漢語譯為滅、滅度、寂滅、不生、圓寂。這是從一切煩惱的束縛中脫離開來，達到不生不死，超脫六道輪迴的境地，為佛教全部修行最終所要達到的最高理想。後來有道僧人之死亦稱涅槃。❷三白佛言　指地藏菩薩用同樣的話對佛說了三遍，表明他下了很堅定的決心。❸菩提　梵語、巴利語Bodhi音譯，指斷絕世俗而獲得解脫的智慧。這是照見法性、真如的最高理想的智慧。

【語　譯】這時，各個世界裏的分身地藏菩薩，聆聽了佛的囑咐後，便合成一身，同時涕淚交流，悲哀戀念地對佛說：「尊敬的佛啊！我自從久遠的劫數以來，承蒙您的慈悲來接引我、教導我，使我獲得了不可思議的神通和威力，具備了大智慧。現在我所現的分身，遍滿了百千萬億恆河沙數那麼多的世界，在每一個世界裏，又化作百千萬億之多的分身。每一個分身又去度化百千萬億個眾生，使他們都皈依佛、法、僧三寶，永遠脫離生死輪迴的苦海，得到擺脫六道輪迴的涅槃之樂。只要所有眾生依照佛法去做善事，即使只有一根毛、一滴水、一粒細沙、一點微塵，甚至只有像毫髮那麼小的善事，我也要逐漸地將他們度脫，使他們脫離苦海，得到很大的利益。世尊，願您不要為後世的惡業眾生而憂慮擔心。」當地藏菩薩將這樣的話對佛一連說了三遍後，佛高興地稱讚地藏菩薩：「很好，很好，我來幫助你實現這件喜事，讓你完成你從久遠劫以來所立下的宏誓大願。等到你普度眾生完畢時，你也就證得菩提的果位而成佛了。」

【說　明】該品講述的是分身地藏，及已被地藏度脫而跟隨地藏菩薩的眾生到忉利天宮集會之事。那些被度脫的眾生能到忉利天宮瞻仰佛，聽佛說法，激動不已。其一是描述了跟隨地藏菩薩聽佛法眾生的心情；其二是敘述了解脫眾生的艱難性；其三是地藏菩薩向佛表達決心，一定不辜負佛的期望，去度脫眾生；其四是因眾生因蔓不斷，剛強難化，罪惡不絕，只要地獄不會有空的時候，地藏的誓願也就沒有終結的一天，從而顯示出地藏菩薩誓願的深沉與廣大。根據敘述內容，本品所蘊含的意義有：第一，有教無類的理念。佛的教化具有無定象性，涵蓋所有受苦的眾生，沒有等級之別，這與孔子的教化理念類似。其二，隨緣施教。就是說由於所要教化的眾生，在根性上參差不齊，有的愚鈍，有的平庸，有的智慧。佛教便提出根據不同根性眾生，以「分身」教化。這種施教方式與儒家將人分為聖人之知、中人之知、斗筲之知相似。這種教化方式也是很有實用價值的。第三，忠於職守。由本品可以看出，地藏菩薩事實上是佛教理念的具體實踐人，地藏菩薩接受佛的教導，然後將佛的教導付諸實施。地藏在實施佛教化理念過程中所體現的忠誠、勤勉、不畏艱辛的精神，對當代社會某些一山望著一山高、沒有職守意識的人，確有切實的教育、啟發意義。

觀眾生業緣品第三

【題　解】地藏菩薩回答佛母摩耶夫人的提問，敘說眾生做惡造業所應得的報應。具體言之有：眾生所作罪業不同，受到報應不同；眾生在地獄中受報應的情形千差萬別而殘酷萬分；無間地獄之情狀等。

爾時佛母摩耶夫人❶恭敬合掌，問地藏菩薩言：「聖者，閻浮眾生，造業差別，所受報應，其事云何？」地藏答言：「千萬世界，乃及國土，或有地獄，或無地獄；或有女人，或無女人；或有佛法，或無佛法；乃至聲聞、辟支佛，亦復如是。非但地獄，罪報一等。」摩耶夫人重白菩薩：「且願聞於閻浮罪報，所感惡趣。」地藏答言：「聖母，唯願聽受，我粗說之。」佛母白言：「願聖者說。」

【章　旨】佛母摩耶夫人向地藏菩薩詢問眾生作惡造業所應得的罪報，地藏菩薩願為之一說。

【注　釋】❶摩耶夫人　釋迦牟尼之母，古印度淨飯王妃，或譯作摩訶摩耶夫人。傳說佛生前居兜率天，從空中乘六牙白象降神於睡眠中的摩耶夫人右肋而入胎。臨降生前，按當地習俗，應回娘家分娩，但途中經過藍毗尼國時，看見一顆大樹，該樹花色香鮮，摩耶夫人右手攀牽樹枝摘花，釋迦牟尼便由右脅生出。

【語　譯】那時，釋迦牟尼佛的母親摩耶夫人很恭敬的合掌向地藏菩薩問道：「聖者啊，那些世俗間的眾生，所造的罪業千差萬別、各不相同，因而他們所受的報應又是怎樣的呢？」地藏菩薩回答說：「在千千萬萬的世界和千千萬萬的國土中，有的有地獄，有的沒有地獄；有的有女人，有的沒有女人；有的有佛法，有的沒有佛法，甚至於聲聞、辟支佛也都是如此。所以不只是地獄中，才有因果報應這種事。」摩耶夫人再次對菩薩說：「我希望能夠聽你說一說，世間犯了罪的眾生，所招致的惡報是怎樣的。」地藏菩薩回答說：「聖母，十分榮幸您願意聽我說，我大概的給您講一講。」釋迦牟尼佛的母親說：「太謝謝了，我一定認真地聽您述說。」

爾時，地藏菩薩白聖母言：「南閻浮提罪報名號如是：若有眾生，不孝父母，或至殺害，當墮無間地獄，千萬億劫，求出無期；若有眾生，出佛身血，毀謗三寶，不敬尊經，亦當墮於無間地獄，千萬億劫，求出無期；若有眾生，侵損常住❶，玷汙僧尼，或伽藍❷內恣行淫欲，或殺或害，如是等輩，當墮無間地獄。千萬億劫，求出無期。若有眾生，偽作沙門，心非沙門❸，破用常住，欺誑白衣❹，違背戒律，種種造惡，如是等輩，當墮無間地獄，千萬億劫，求出無期；若有眾生，偷竊常住，財物穀米，飲食衣服，乃至一物不與取者，當墮無間地獄。千萬億劫，求出無期。」地藏白言：「聖母，若有眾生，作如是罪，當墮五無間地獄，求暫停苦，一念不得。」

【章旨】地藏菩薩告知佛母，有五類作惡眾生（不孝父母、毀謗三寶、侵損寺院、偽作沙門、偷寺院財物等）應當墮入無間地獄承受業報；而且，這些眾生想要出離地獄，或想暫停片刻之苦，也是永遠沒有指望的。

【注釋】❶常住　經常存在，無生滅變遷。指寺院，或屬於寺院的田園、雜具之類等公共物品。❷伽藍　梵語Samgharama音譯，指僧人聚合修行的場所，亦即寺院。❸沙門　梵語Srmana音譯，亦稱「桑門」、「沙門那」，漢譯為：息心、靜志、淨志、乏道、貧道、功勞、勤息等等，意為息心修道，指出家的佛教僧侶。❹白衣　指在家人、俗人。印度一般僧侶以外者皆著白衣，佛典中亦多以「白衣」為在家人之稱。與此相對，沙門則稱為「緇衣」、「染衣」。

【語譯】這時，地藏菩薩對佛母說：「在南閻浮提世界受罪報的名號是這樣的：假如有這類眾生，不孝敬父母，甚至殺害他們，必會墮入到無間地獄中去，就是經過千萬億劫的時間，想要出地獄來，也是永遠沒有希望的；假如有這類眾生，傷害佛的身體，使佛受傷流血，或者譏謗詆毀佛、法、僧三寶，不敬重佛經，必會墮入到無間地獄中去，就是經過千萬億劫的時間，想要出地獄來，也是永遠沒有希望的；如果有這類眾生，侵犯損壞佛家產業，侮辱佛家僧尼，或者在寺院之內肆意淫欲，或者殺生害命，像這樣的人，必會墮入到無間地獄之中，即使經過千萬億劫的時間，想要出地獄來，也是永遠沒有指望的；如果有這類眾生，假裝虔誠向佛，身入佛門而內心並不是真正的佛僧，破壞糟蹋寺院的東西，欺騙世人，違背佛教的戒律，做出種種惡事，像這樣的人，必會墮入到無間地獄之中，即使經過千萬億劫的時間，想要出地獄來，也是永遠沒有指望的；如果有這類眾生，偷竊寺院的財物、糧食、飲食衣服，或者任何一物也不施捨卻自取而用者，必會墮入到無間地獄之中，即使經過千萬億劫的時間，想要出地獄來，也是永遠沒有指望的。」地藏菩薩對佛母說：「聖母，如果有哪類眾生，做了上述任何一種惡業，就必會墮入這五種無間地獄，即使想求得暫時停止痛苦的折磨，哪怕是剎那間短暫的時間，也是辦不到的。」

摩耶夫人重白地藏菩薩言：「云何名為無間地獄？」地藏白言：「聖母，諸有地獄，在大鐵圍山之內。其大地獄有一十八所；次有五百，名號各別；次有千百，名字亦別。無間獄者，其獄城周匝八萬餘里，其城純鐵，高一萬里，城上火聚，少有空缺。其獄城中，諸獄相連，名號各別。獨有一獄，名曰無間。其獄周匝萬八千里，獄牆高一千里，悉是鐵為，上火徹下，下火徹上，鐵蛇鐵狗，吐火馳逐，獄牆之上，東西而走。獄中有床，遍滿萬里。一人受罪，自見其身，遍臥滿床；千萬人受罪，亦各自見，身滿床上。眾業所感，獲報如是。

【章　旨】地藏菩薩向摩耶夫人解釋何為「無間地獄」，地藏菩薩向摩耶夫人描述地獄的規模和大概情形。

【語　譯】摩耶夫人再次問地藏菩薩：「怎樣的地獄才叫做無間地獄？」地藏菩薩回答說：「聖母，所有的地獄都在大鐵圍山之內。其中大的地獄，有一十八所；次一等的地獄有五百所，名稱各不相同；再次一等的小地獄，還有千百處之多，名號也各不相同。所謂無間地獄，它的獄城周圍連起來有八萬多里，它的城牆是用純鐵澆鑄而成的，高有一萬里，城上方是由一團團熊熊燃燒的烈火聚集成的，沒有一點空隙。在獄城之內，每所地獄相互連通在一起，他們的名稱各不相同。只有一座地獄，名叫做無間地獄。這座無間地獄周長有一萬八千里，獄牆高有一千里，全部都是用鐵鑄成的。獄牆上面的火一直燃燒到獄牆下，牆下的火又燃到牆上來，把整座地獄都燒透了。還有鐵蛇鐵狗，口吐火焰，驅趕追逐，在獄牆上忽東忽西的到處亂跑。地獄中還有一張大床，有一萬里那麼大。如果一個人受罪，就會看到自己的身體變成萬里之大，睡滿在床，在床上受苦；如果有千萬人受罪，也各自看到自己的身體，睡滿在床，受其罪苦，這都是眾生作了種種惡事所得到的報應啊！

「又諸罪人，倍受眾苦，千百夜叉❶及以惡鬼，口牙如劍，眼如電光，手復銅爪，拖拽罪人。復有夜叉，執大鐵戟，中罪人身，或中口鼻，或中腹背，拋空翻接，或置床上。復有鐵鷹，啖罪人目；復有鐵蛇，繳罪人頸，百肢節內，悉下長釘。拔舌耕犁，抽腸剉斬，洋銅灌口，熱鐵纏身。萬死千生，業感如是。動經億劫，求出無期。此界壞時，寄生他界；他界次壞，轉寄他方；他方壞時，展轉相寄。此界成後，還復而來。無間罪報，其事如是。

【章　旨】描述無間地獄的罪人所受苦楚罪報之情狀：各種恐懼的刑罰、遙遙無期的痛苦。

【注釋】❶夜叉　亦稱「藥叉」、「閱叉」、「夜乞叉」、「釋夜叉」等，為佛教天龍八部之一，是地獄中的惡鬼，為地獄獄卒。傳說他們行動輕捷、勇健，能騰空、土遁，以供諸神驅使，充當走卒。夜叉有十六位大將，每一位大將統率七千小夜叉。

【語譯】「此外，還有許多罪人，也要承受各種各樣的痛苦折磨，那裏有千百萬個夜叉以及惡鬼，他們的牙齒像劍般鋒利，眼睛像閃電般明亮，手像銅爪一樣銳利，不停地拖拽罪人。還有一種夜叉，手持大鐵戟，戳入罪人的身體，有的戳中罪人的口鼻，有的戳中了罪人的腹部、背部，然後又把他們拋向空中，翻倒了接住再戳，還有的則放在床上讓他受罪。還有鐵鷹啄罪人的眼珠，還有鐵蛇嘶嘶的纏住罪人的脖子，在罪人身體四肢的成百千關節內，都釘上了長長的釘子。把罪人們的舌頭拔出來，用鐵鏵在上面耕犁。把罪人們的腸肚抽出來，用刀銼裂斬斷，用熔化的銅汁從罪人的口裏灌下去，用燒紅的灼鐵纏裹罪人的身體，痛得罪人千百萬次的死活過來，求生不得，求死不能。這都是他們所作的惡業而感召的果報。這些報應，動輒要經過上億劫的無量時間，想要出地獄，那是遙遙無期，沒有指望的。假如這個世界毀滅了，就將地獄轉寄到別的世界去；另一個世界又毀滅時，又可以轉寄到另外一個地方去；等到這一個世界再次毀滅了，還能夠輾轉另寄到其他地方。這個世界重新形成後，仍舊返回到這裏來受苦。無間地獄罪報的狀況，就是這樣的。

「又五事業感，故稱無間。何等為五？一者，日夜受罪，以至劫數，無時間絕，故稱無間；二者，一人亦滿，多人亦滿，故稱無間；三者，罪器叉棒，鷹蛇狼犬，碓磨鋸鑿，剉斫鑊湯，鐵網鐵繩，鐵驢鐵馬，生革絡首，熱鐵澆身。饑吞鐵丸，渴飲鐵汁，從年竟劫，數那由它苦楚相連，更無間斷，故稱無間；四者，不問男子女人，羌胡夷狄❶，老幼貴賤，或龍或神，或天或鬼，罪行業感，悉同受之，故稱無間；五者，若墮此獄，從初入時，至百千劫，一日一夜，萬死萬生，求一念間，暫住不得。除非業盡，方得受生。以此連綿，故稱無間。」地藏菩薩白聖母言：「無間地獄，粗說如是，若廣說地獄罪器等名，及諸苦事，一劫之中，求說不盡。」摩耶夫人聞已，愁憂合掌，頂禮❷而退。

【章　旨】地藏菩薩向聖母介紹哪五種苦罪以及為何稱為「無間」地獄。「無間」包括受罪的無定時性、對象的普遍性、刑具的多樣性。受苦的無止境性和株連性。地藏菩薩進一步向聖母講述造業眾生在地獄所受的五種無間之苦。

【注　釋】❶羌胡夷狄　中國古代對少數民族的稱呼。羌，本係三苗——縉雲氏之後裔，舜時流於三危（久姓或即西藏），東漢時，分為東羌西羌。東羌居於安定、北地、上郡、西河等地。西羌居於漠陽、金城等地；晉時為五胡之一，姚秦即其後族；其後散居於今甘肅之臨潭，岷縣，及四川之松潘茂縣等地。胡，即北狄，亦即史傳所稱的匈奴。夷係東方的種族。狄係北方的種族。因為這些民族居於遠離中土之地，因此古中國稱四方邊境未開化的民族為東夷西戎，南蠻北狄。❷頂禮　佛教的禮儀之一，亦稱為「五體投地」，指在尊者面前，以兩膝、兩肘及頭頂著地，以頭頂敬禮。

【語　譯】「此外，由於它是由五種因惡業所召感的報應所構成的，所以稱其苦為無間。有哪五種苦呢？第一，罪人日夜不停的受苦罪受折磨，以至於累經無數次劫，也沒有片刻的間斷，所以稱為無間地獄；第二，一個人在地獄受罪報，地獄是滿無間隙的，許多人在地獄受苦，地獄也是滿滿的，沒有一絲間隙，所以稱為無間地獄。第三，懲罰罪人的刑具是多種多樣的，有刺人的叉、打人的棒、吃人的鷹、蛇、狼、犬等等。或者用燒紅的鐵杵和鐵臼，碓舂罪人的身體，或者把罪人用磨具來輾磨，或者用鋸子鋸罪人的肢體，用鑿子鑿，用銼子銼，用刀斧砍，或者把罪人扔進鍋裏用沸水煮，用鐵網和鐵繩捆紮、燙烙他們的身體，用鐵驢鐵馬烙燙、踐踏他們的身體，用堅硬的生牛皮捆綁罪人的頭，用熔化的鐵水澆灌罪人的身體，罪人饑餓的時候，讓他吞吃燒紅的鐵丸，口渴的時候，讓他喝熔化的鐵汁。自始至終，就這樣在地獄中受著各種刑具的折磨，即使歷經無數的劫數，難以忍受的痛苦仍然是一個接著一個，從沒有一刻間斷，所以稱作無間地獄。第四，不管你是男人或是女人，是羌人還是胡人，是夷人還是狄人，不管你是老的、幼的、貴的、賤的，也不管是龍還是神，是天神還是鬼怪，無論是誰，只要作了惡業，招致業報，都一樣墮入無間地獄受苦，而沒有什麼區別，所以稱其為無間。第五，如果一旦墮入這地獄，從開始墮入，直到百千劫數之間的每日每夜的每時每刻，都要經歷上萬次死生的苦痛，即使要想求得哪怕很短的一念之間的痛苦的停止，都是不可能的。除非他的業報結束了，才有可能再次投胎，重新為人。如此連綿不絕，所以稱作無間地獄。」地藏菩薩接著對聖母說：「這無間地獄，簡單的說就是這個樣子，如果要詳細的說出所有的地獄，治罪的刑具，以及諸般罪人受苦受難的情況，那麼即使用一劫那麼長的時間，也是說不盡的。」摩耶夫人聽了以後，憂愁地合掌，叩頭頂禮退下了。

【說　明】本品值得讀者朋友注意的主要有如下幾個方面：首先是本品敘述事情的方法頗有層次性和邏輯性。先是佛母詢問地藏眾生所受報應情況，地藏便由此展開，由眾生所受報應的差異進入到怎樣的罪業才會遭到報應，再進入到眾生在地獄中受罪受苦的情狀，再進入到無間地獄的構成及刑罰，最後進入到「五無間」地獄。這種敘述層次分明，由淺及深，由簡到繁，逐步推入，秩序井然。讓讀者讀起來十分清晰、明白。其次是治罪明確的觀念。佛教把該墮入地獄的犯罪眾生分為五種，每一種都對所犯款項有明確規定，如不孝、甚至殺害父母、刺佛身使其出血、毀謗三寶、不尊重佛經等，都是墮入地獄的罪業。佛教定罪講究實際、具體，這是富有積極性啟示的。再次，報應面前一律平等。在俗世社會，要求法律面前人人平等，佛教對罪業眾生的報應主張平等，只要是觸犯了教規，作下罪業，不管是帝王，還是百姓；不管是男人，還是女人；不管是漢人，還是胡人，都必須遭受報應。最後值得提出的是，佛教所設地獄之苦，實在是過於殘酷。如有夜叉惡鬼拖拽罪人，刺人口鼻、腹背，有鐵鷹啄瞎罪人的眼珠；有用鐵釘釘住舌頭，有用銼刀銼斷腸子，有將熔化的銅汁灌入人的口裏，有用燒紅的鐵烙身，等等等等。人作了罪業受到報應理所當然，人死後到地獄還要遭受這樣慘不忍睹的刑罰，我們或許由此對佛教的關懷性提出一些質疑。

閻浮眾生業感品第四

【題 解】本品主要講述地藏菩薩的來歷、所做過的功德和對罪人施報的方法及內容。關於地藏菩薩的來歷，曾經是一個國王，先度罪苦，己再成佛；曾經是光目女，是位孝女，為救拔母親不辭辛苦而四處奔波、虔誠佛法並供養佛像；關於地藏的功德，就是設食供養、塑畫佛像、廣利眾生；關於地藏的施報方法，則是因人而異，不同的罪業者，不同根器者，施與不同的報應。

爾時，地藏菩薩摩訶薩白佛言：「世尊，我承佛如來威神力故，遍百千萬億世界，分是身形，救拔一切業報眾生。若非如來大慈力故，即不能作如是變化。我今又蒙佛付囑，至阿逸多❶成佛已來，六道眾生，遣令度脫，唯然世尊，願不有慮。」爾時，佛告地藏菩薩：「一切眾生未解脫者，性識無定。惡習結業，善習結果，為善為惡，逐境而生，輪轉五道❷，暫無休息。動經塵劫❸，迷惑障難，如魚游網，將是長流，脫入暫出，又復遭網。以是等輩，吾當憂念。汝既畢是往願，累劫重誓，廣度罪輩，吾復何慮。」

【章　旨】地藏菩薩感謝佛賦予他的神力，並向佛發誓為解脫所有罪苦眾生而不惜一切。佛教示地藏菩薩解脫眾生的方法，並鼓勵地藏菩薩對其充滿信心。

【注　釋】❶阿逸多　即彌勒菩薩，不能被打敗、被征服之意。❷五道　亦名五趣，包括地獄、餓鬼、畜生、人間、天等五種眾生輪迴趨向。❸塵劫　亦稱塵點劫，佛教中的時間單位。佛教有五百塵點劫之說，磨五百千萬億那由他阿僧祇三千大世界為塵，每五百千萬億那由他阿僧祇之三千大千世界撒一塵粒為一劫，合而為五百塵點劫。所以塵劫比喻久遠無限的時間。

【語　譯】這時，地藏菩薩摩訶薩恭敬地對釋迦牟尼佛說：「世尊，我由於仰承了佛如來的巨大無比的威力，能在百千萬億個世界，分化我的身形，以救拔世間一切遭受業報的眾生。假若不是仰承了佛如來的大慈大悲之力，我地藏也就不可能有如此分身變化以救拔眾生的神力。今天，我又榮受佛如來的囑咐，要求我在從現在起直到彌勒菩薩成佛之間的一大段時間裏，將在天、人、阿修羅、地獄、餓鬼、畜生六道中生死輪迴的眾生，使他們脫離苦難，稟承佛如來的意旨，我一定不辜負世尊您的期望，請您不要掛慮此事。」聽後佛指示地藏說：「所有沒有獲得解脫的眾生，性情是飄搖不定，難以控制的，思想是變化多端不可捉摸的。不管是由惡習結成的業障，還是從善習結成的善果，不管是造惡，還是造善，都是觸境而生，輪轉於天、人、地獄、餓鬼、畜生五道而毫無止境。經過無量無邊的劫數，又遭受迷惑暗障的苦難，好比魚游入網，自以為是長長的水道，不料剛一解脫，又陷入網中。對於此類眾生，實在難以感化，我當然憂慮掛念。但你既然決心去實現你往日的願望，歷劫一次次發救度眾生的宏誓大願，要廣度受苦的眾生，我有什麼可憂慮的呢！」

說是語時，會中有一菩薩摩訶薩，名定自在王❶，白佛言：「世尊，地藏菩薩累劫以來，各發何願，今蒙世尊殷勤讚歎，唯願世尊略而說之。」爾時，世尊告定自在王菩薩：「諦聽諦聽，善思念之，吾當為汝分別解說：乃往過去無量阿僧祇那由他不可說劫，爾時有佛，號一切智成就如來❷、應供❸、正遍知❹、明行足❺、善逝❻、世間解❼、無上士❽、調御丈夫❾、天人師❿、佛世尊⓫，其佛壽命六萬劫。未出家時，為小國王，與一鄰國王為友，同行十善⓬，饒益眾生。其鄰國內所有人民，多造眾惡。二王議計，廣設方便。一王發願：早成佛道，當度是輩，令使無餘；一王發願⓭：若不先度罪苦，令是安樂，得至菩提，我終未願成佛。」

佛告定自在王菩薩：「一王發願，早成佛者，即一切智成就如來是；一王發願永度罪苦眾生未願成佛者，即地藏菩薩是。

【章　旨】佛對信眾講述地藏菩薩的來歷。地藏菩薩曾經是一個國王，為了度脫，曾發願不先度完受苦眾生，誓不成佛。

【注　釋】❶定自在王　指菩薩摩訶薩攝心入定，故能沖決羅網，得自在解脫。❷一切智成就如來　釋迦牟尼佛十大名號之一，簡稱如來。謂釋迦牟尼具備了一切智慧。❸應供　釋迦牟尼佛十大名號之一，謂其功德無量，應受到眾生供養。❹正遍知　釋迦牟尼佛十大名號之一，謂其是完全正確的覺悟者。❺明行足　釋迦牟尼佛十大名號之一，謂其具備足夠的一切的智慧與體驗。❻善逝　釋迦牟尼佛十大名號之一，謂其能如實圓滿地去到超脫生死的彼岸。❼世間解　釋迦牟尼佛十大名號之一，謂其能徹底理解、瞭解世間一切事情的人。❽無上士　釋迦牟尼佛十大名號之一，謂其至高無上，其境界無人能比。❾調御丈夫　釋迦牟尼佛十大名號之一，謂其能駕馭引導一切眾生，使他們信佛法，修正果。❿天人師　釋迦牟尼佛十大名號之一，謂其乃諸侯和眾生的導師。⓫佛世尊　釋迦牟尼佛十大名號之一，謂其具有一切美好的德性，受到世間的尊敬，釋迦牟尼佛乃佛中最受尊敬者，故稱佛世尊。⓬十善　亦稱「十善業」，包括不殺生、不偷盜、不邪淫、不妄語、不兩舌、不惡口、不雜言穢語、不貪欲、不嗔恚、不邪見。⓭發願　發願包括兩種：一種是佛的發願，自己先成了佛，然後再度眾生，如一切智成就如來；一種是菩薩發願先度了眾生，然後自己才成佛，如地藏菩薩。

【語　譯】佛正說著讚歎地藏菩薩的話時，集會中有一位菩薩摩訶薩，名叫定自在王，他欽敬地問道：「世尊，從無量劫以來，地藏菩薩都發了些什麼宏願，如此不可思議，竟令世尊您在法會上多次讚歎，請您簡要地給我們介紹介紹吧。」佛隨即對定自在王說：「好，你們認真聽著，同時你們還應仔細思考我的每一句話，現在就為你們分別講說：在以往許許多多，多得難以算計的劫數以前，當時有一位佛，他的佛號為一切智成就如來、應供、正遍知、明行足、善逝、世間解、無上士、調御丈夫、天人師、佛世尊。這尊佛當時住世的壽命有六萬劫。這尊佛沒有出家時，曾是一個小國的國王，且與鄰國的國王是好朋友，他們一同修行不殺、不盜、不淫、不妄語、不兩舌、不惡口、不綺語、不貪、不嗔、不邪見十善，以利益當時的芸芸眾生。當時那鄰國的所有人民，常常作惡多端。於是兩位國王商議，採取怎樣的辦法使作惡的人們改邪歸正。一個國王發願說：我若能早成佛道，一定救度這些惡人，不使一人遺漏；另一個國王發願說：如果我不能先救度這些造惡的人，使他們成就佛道獲得安樂，我誓不成佛。」佛告訴定自在王說：「那個發願早成佛的國王，就是一切智成就如來，那個發願永遠普度受罪苦眾生，不願早成佛的國王，就是地藏菩薩。

「復於過去無量阿僧祇劫，有佛出世，名清淨蓮華目如來❶，其佛壽命四十劫。像法之中❷有一羅漢，福度眾生。因次教化，遇一女人，字曰光目，設食供養。羅漢問之：『欲願何等？』光目答言：『我以母亡之日，資福救拔，未知我母生處何趣？』羅漢愍之，為入定❸觀，見光目女母墮在惡趣，受極大苦。羅漢問光目言：『汝母在生，作何行業，今在惡趣，受極大苦？』光目答言：『我母所習，唯好食啖魚鱉之屬，所食魚鱉，多食其子，或炒或煮，恣情食啖，計其命數，千萬復倍。尊者慈愍，如何哀救？』羅漢愍之，為作方便，勸光目言：『汝可志誠念清淨蓮華目如來，兼塑畫形像，存亡獲報。』光目聞已，即舍所愛，尋畫佛像而供養之，復恭敬心，悲泣瞻禮。

【章　旨】光目女（地藏菩薩）為救拔因殺生而遭到懲罰的母親出資修福，塑畫佛像，供養佛。

【注　釋】❶清淨蓮華目如來　佛號，謂此佛面如淨滿月，眼似清淨蓮，實喻此佛德行圓滿。❷像法之中　又稱「像法時」，指佛教走向衰弱的三個時期中的第二階段。這一時期，佛法的傳播已逐漸失其本真，只是廣塑佛像，佛像極為普遍，所以叫「像法」。❸入定　指人進入專一不二的精神狀態。

【語　譯】「又在過去無量無數多的大劫中，有一位佛出世，這位佛的名號叫清淨蓮華目如來，他的壽命長達四十劫。在這位佛正法時代過去後的像法時代，有一位羅漢，這位羅漢為眾生建造福業，並教化他們。在教化眾生的過程中，一次他遇到一個女人，這個女人名字叫光目，光目預備了飯食齋菜供養這位羅漢。羅漢問光目女：『你有什麼要求？』光目答道：『我母親亡故不久，所以我設齋供養，藉出資財物的方式，為母親修福，求得佛救拔我母親，不知我母親現在投生在那一道了？』羅漢聽後，十分同情她，便為她靜坐入定觀察，結果看見光目女的母親墮落到惡道中去了，遭受著極大痛苦。羅漢便問光目：『你母親在世時，做了些什麼事，以致現在她墮在惡道裏，受極大苦報？』光目回答說：『我母親生前有一個習慣，就是喜歡吃魚鱉之類，而且特別愛吃魚子、鱉蛋。吃的方式多種多樣，有時炒著吃，有時煮著吃。母親為了她這個嗜好，任意殺害烹食，由她親手殺死的幼小生命，不計其數。我知道母親的這種罪孽太深了，但我還是請尊者您發慈悲可憐可憐我，有什麼辦法救救我的母親呢？』羅漢非常憐憫她，便替她想出方便的辦法，安慰光目說：『你可以用最虔誠的心，專門念清淨蓮華目如來的名字，再請人塑畫這位如來的形像，如你能這樣做的話，無論是生存的子女，還是死去的母親，都會獲得好的福報。』光目聽了羅漢的勸告後，便捨棄她所喜愛的一切東西，找人來畫佛像，並以虔誠的心供養之，又以最恭敬的心願，悲泣哀戀地禮拜佛像。

「忽於夜後，夢見佛身金色晃耀，如須彌山❶，放大光明，而告光目：『汝母不久當生汝家，才覺饑寒，即當言說。』其後家內婢生一子，未滿三日，而乃言說，稽首悲泣，告於光目：『生死業緣，果報自受，吾是汝母，久處暗冥，自別汝來，累墮大地獄。蒙汝福力，方得受生，為下賤人；又復短命，壽年十三，更落惡道。汝有何計，令吾脫免？』光目聞說，知母無疑，哽咽悲啼，而白婢子：『既是我母，合知本罪，作何行業，墮於惡道？』婢子答言：『以殺害、毀罵二業受報，若非蒙福，救拔吾難，以是業故，未合解脫。』光目問言：『地獄罪報，其事云何？』婢子答言：『罪苦之事，不忍稱說，百千歲中，卒白難竟。』

【章　旨】光目女（地藏菩薩）的修福功德得到了回報，其母轉生為婢女之子。光目母親感激其女，並講述了自己罪業。

【注　釋】❶須彌山　梵文Sumeru的音譯，亦譯「須彌樓」、「蘇迷盧」等，意譯有「妙高」、「妙光」、「安明」、「善高」、「善積」等。印度神話中的山名，為佛教所採用，山高有八萬四千由旬，山頂上為帝釋天，四面山腰為四天王天，周圍有七季海、七金山。第七金山外有鐵圍山所圍繞的鹹海，鹹海四周有四大部洲。許多佛教造像和繪畫以此山為題材，用以表示天上的景觀。

【語　譯】「在一個深夜，光目突然夢見佛的身體發出耀眼的金光，佛身如同須彌山一樣高大，光芒四射，佛對光目說：『你母親不久就會投身到你家中來，那嬰兒才知道饑餓寒冷就會說話。』不久以後，光目家中的婢女果真生下一個孩子，未滿三天，就會說話了。那孩子見到光目就作揖叩頭，悲切地說：『由於我生前作惡太多，因而受到了生死造業的因緣果報。我就是你死去的母親，自從死了以後，長期住在幽黑的世界中，自離別你以來，每次都墮入到大地獄裏受苦。承蒙你至誠的修福功德，才使我能投生到這裏來，當一個下賤的人。但是，我又應當短命，只有十三歲的壽命，然後又要墮入惡道裏去受苦。因而我想再求求你，有什麼辦法，能使我解脫免受苦難呢？』光目聽完此話後，知道婢女所生的嬰兒就是自己的母親，十分悲傷，便對這嬰兒說：『你既然是我的母親，就應該知道自己本身所做是什麼樣的罪業，而使你墮落到惡道裏去呢？』嬰兒回答說：『我是因為殺害眾生和毀謗辱罵佛、法、僧三寶這兩種罪業，所以遭受這種罪報。如果不是承蒙你的孝順替我修福作功德，以救拔我出苦海，這種深重的苦報，哪有解脫之日呢。』光目又問道：『地獄中罪報，情形是怎樣的呢？』嬰兒回答說：『地獄中的各種罪報受苦的情狀，真是慘不忍睹，我不忍向你訴說，即便用千百年的時間也難以訴說完啊！』

「光目聞已，啼淚號泣，而白空界：『願我之母永脫地獄，畢十三歲，更無重罪，及歷惡道。十方諸佛❶，慈哀愍我，聽我為母所發廣大誓願：若得我母永離三途❷及斯下賤，乃至女人之身，永劫不受者，願我自今日後，對清淨蓮華目如來像前，卻後百千萬億劫中，應有世界所有地獄，及三惡道諸罪苦眾生，誓願救拔，令離地獄惡趣，畜生、餓鬼等，如是罪報等人，盡成佛竟，我然後方成正覺❸。』發誓願已，具聞清淨蓮華目如來而告之曰：『光目，汝大慈愍，善能為母發如是大願，吾觀汝母十三歲畢，捨此報已，生為梵志❹，壽年百歲。過是報後，當生無憂國土❺，壽命不可計劫。後成佛果，廣度人天，數如恆河沙。』

【章　旨】光目女為徹底救拔母親再發宏願，得到了清淨蓮華目如來的同情並願幫助光目女實現其度脫母親的心願。

【注　釋】❶十方諸佛　十方指東、南、西、北、東南、西南、東北、西北、上、下，泛指一切方向，全世界所有的佛。❷三途　即「三惡趣」、「三惡道」，一是指火途，即地獄惡道中將罪人用猛火烤燒之處；二是指血途，即畜生惡道中對罪人互相吞食之處；三是指刀途，即餓鬼惡道中對罪人用刀棒劍逼迫相殺之處。❸正覺　指能感悟佛法的正確智慧，只有成了佛才能達到這一境界，所以稱成佛為成正覺。❹梵志　佛教之外的其他教徒，有時用於專指古印度婆羅門種族、婆羅門教。❺無憂國土　佛教中指無憂無慮的極樂世界，是修佛的人所期望達到的最理想的境界。

【語　譯】「光目聽完母親的話後，不禁號啕大哭，向著天空發願說：『願我的母親永遠能脫離地獄的惡報，等活到十三歲以後，不再因為其他重大的罪業，墮入到地獄惡道裏去。十方諸佛請慈悲可憐我啊，聽我為母親所發的宏願：假如我的母親能永遠脫離地獄、餓鬼、畜生三惡道的苦難，或者不投生在這樣下賤的家庭，甚至不再生為女人身，我願自今往後，對清淨蓮華目如來像前發誓，願在以後的百千萬億劫數中，在所有的世界裏，把在地獄及三惡道裏受苦受罪的眾生救濟超拔，使他們永遠脫離地獄、畜生、餓鬼三惡道，使這些受苦受罪的人修成佛後，我才成佛。』光目女發完這個宏願後，清晰地聽到清淨蓮華目如來告訴她說：『光目，你真是個孝順的女兒，有大慈大悲的情懷，能為自己的母親發如此之宏願。我現在觀察你的母親，等到十三歲業報完畢之後，就會捨此報身，轉生為婆羅門梵裔，而且有百年壽命。受完此果報後，應投生到無憂無慮的極樂世界裏去，她的壽命將是無法計量。此後便成就佛的果位，再回來廣度世間天上的眾生，被度脫的人數量會像恆河沙一樣多。』」

佛告定自在王：「爾時羅漢，福度光目者，即無盡意❶菩薩是；光目母者，即解脫菩薩是，光目女者，即地藏菩薩是。過去久遠劫中，如是慈愍，發恆河沙願，廣度眾生，未來世中，若有男子女人不行善者，行惡者，乃至不信因果❷者，邪淫妄語❸者，兩舌惡口❹者，毀謗大乘❺者，如是諸業眾生，必墮惡趣，若遇善知識❻，勸令一彈指間❼，歸依地藏菩薩，是諸眾生即得解脫三惡道報。若能志心❽歸敬，以瞻禮讚歎，香華衣服，種種珍寶，或復飲食，如是奉事者，未來百千萬億劫中，常在諸天，受勝妙樂❾；若天福❿盡，下生人間，猶百千劫，常為帝王，能憶宿命，因果本末。定自在王，如是地藏菩薩，有如此不可思議大威神力，廣利眾生，汝等諸菩薩當記是經，廣宣流布。」定自在王白佛言：「世尊，願不有慮，我等千萬億菩薩摩訶薩，必能承佛威神，廣演是經，於閻浮提利益眾生。」定自在王菩薩白世尊已，合掌恭敬，作禮而退。

【章　旨】佛告訴信眾，只要誠心誠意地歸依、禮敬、瞻禮、讚歎地藏菩薩，用衣物、珍寶供養地藏菩薩，就能在天下、地上都能享盡福樂，從而強調誦讀、宣傳《地藏菩薩本願經》的重要性。

【注　釋】❶無盡意　救度眾生的意願無窮盡的菩薩。❷因果　緣因與結果，佛教認為凡有善惡之作，必能得到或善或惡的果報，即因果報應。❸妄語　即撒謊，佛教「五戒」之一，「十惡」之一。❹兩舌惡口　即在兩方之間說壞話，挑撥離間。惡口即髒話、罵人。❺大乘　即大乘佛教，佛教兩大流派之一。特徵是利他、利眾，認為利他利眾就是涅槃。❻善知識　指正直而有德行，善於教化別人，使人萌發善心入於佛道者。❼一彈指間　比喻極短時間。❽志心　一心一意，專心致志。❾勝妙樂　相當美妙的快樂境界。❿天福　天上的福分。

【語譯】佛告訴定自在王說：「那時福度光目女的羅漢，就是無盡意菩薩；光目女的母親，就是現在的解脫菩薩；光目女自己，就是這位地藏菩薩。地藏菩薩在過去很久的劫中，都是這般的慈悲，發了如恆河中的沙一樣不可計數的無量大願，要廣泛拯度眾生，離苦得樂。在往後的世界中，假如有男子、女子行惡之人，甚至不相信因果報應的人，或犯邪淫、說謊、挑撥是非、罵人之人，或毀謗大乘經典之人，像這類犯各種罪業的眾生，必然墮入惡道中去受苦。如果遇到得道的高僧指導、牽引，即使在一彈指那麼短的時間裏，令他發起尊敬心而皈依地藏菩薩，這樣的眾生，立刻就會從三惡道的苦報中獲得解脫。假如他能發至誠心歸依、禮敬、瞻禮、讚歎地藏菩薩，或者用香花、美服，或者用各種珍寶，或者用飲食等來供養地藏菩薩。這種人即便在死了之後，也能在以後的百千萬億劫中，經常在天上享受極妙的快樂；如果他在天上的福享盡了，就是投生在人間，還能在百千萬億劫中做帝王，並且能清楚地記憶其幾世以前因果的事。定自在王啊，像地藏菩薩有如此不可思議的神力，廣泛地利益一切眾生，你們諸位大菩薩，應當牢記這部《地藏菩薩本願經》，廣泛地宣傳流通地藏菩薩的法門。」定自在王對佛說：「世尊，請您不要擔憂這件事，我們千萬萬億大菩薩，一定會在仰承佛的威德神力下，廣泛地宣說這部佛經，在人世間為一切眾生造設利益。」定自在王說完，便恭敬地合掌頂禮而退到原位。

爾時，四方天王[1]俱從座起，合掌恭敬白佛言：「世尊，地藏菩薩於久遠劫來，發如是大願，云何至今猶度未絕，更發廣大誓言？唯願世尊為我等說。」佛告四天王：「善哉，善哉，吾今為汝及未來現在天人眾等，廣利益故，說地藏菩薩於娑婆世界閻浮提內，生死道中，慈哀救拔度脫一切罪苦眾生，方便之事。」四天王言：「唯然，世尊，願樂欲聞。」

【章　旨】四方天王詢問佛為何地藏菩薩於久遠劫數以來，發如此大願，卻至今未度完眾生的原因。

【注　釋】❶四方天王　亦稱「四大天王」、「四天王」、「四大金剛」。每個天王管轄地方不同，東方持國天王，名毗提訶，管轄東勝神洲；南方增長天王，名毗琉璃，管轄南贍部洲；西方廣目天王，名毗琉博叉，管轄西牛賀洲；北方多聞天王，名毗沙門，管轄北俱羅洲。各率二十八部，鎮守一方。

【語　譯】這個時候，東方持國、南方增長、西方廣目、北方多聞等四大天王，一同從座位上站起來，合掌恭敬地對佛說：「世尊，這位地藏菩薩從久遠的劫數以來，就發這麼大的宏願，為什麼到現在還沒有把眾生度完，還要再發這麼大的宏願呢？請世尊再為我們說一說。」佛告訴四大天王說：「問得好，問得好，我現在就為了你們四大天王以及現在、未來、天上和世間的眾生獲得廣大利益的緣故，來講說一下地藏菩薩在人間俗世生生死死道途中，用他的慈悲哀憐之心去救脫一切眾生的事蹟，以及他所用的各種方法。」四大天王感激地說：「是的，世尊，我們極願意極喜歡聽你的講說。」

佛告四天王：「地藏菩薩久遠劫來，迄至於今，度脫眾生，猶未畢願，慈愍此世罪苦眾生，復觀未來無量劫中，因蔓不斷，以是之故，又發重願。如是菩薩於娑婆世界閻浮提中，百千萬億方便，而為教化。四天王，地藏菩薩若遇殺生者，說宿殃短命報；若遇竊盜者，說貧窮苦楚報；若遇邪淫者，說雀鴿鴛鴦報；若遇惡口者，說眷屬鬥諍報；若遇毀謗者，說無舌瘡口報；若遇瞋恚❶者，說醜陋癃殘報；若遇慳吝者，說所求違願報；若遇飲食無度者，說饑渴咽病報；若遇畋獵恣情者，說驚狂喪命報；若遇悖逆父母者，說天地災殺報；若遇燒山林木者，說狂迷取死報；若遇前後父母惡毒者，說返生鞭撻現受報；若遇網捕生雛者，說骨肉分離報；若遇毀謗三寶者，說盲聾瘖瘂報；若遇輕法慢教❷者，說永處惡道報；若遇破用常住者，說億劫輪迴地獄報；若遇汙梵誣僧者，說永在畜生報；若遇湯火斬斫傷生者，說輪迴遞償報；若遇破戒犯齋❸者，說禽獸饑餓報；若遇非理毀用者，說所求闕絕報；若遇吾我貢高❹者，說卑使下賤報；若遇兩舌鬥亂者，說無舌百舌報；若遇邪見❺者，說邊地受生報。如是等閻浮提眾生身口意業❻，惡習結果，百千報應，今粗略說。如是等閻浮提眾生，業感差別。地藏菩薩、百千方便而教化之，是諸眾生，先受如是等報，後墮地獄，動經劫數，無有出期。是故汝等，護人護國，無令是諸眾業迷惑眾生。」四大天王聞已，涕淚悲歎，合掌而退。

【章旨】佛對四大天王講述為何沒有度盡受苦眾生的原因，因為受苦眾生不斷湧現；講述地藏菩薩教化的方法：因人而異，因人設教。

【注釋】❶瞋恚　怨恨他人，佛教「三毒」之一。❷輕法慢教　輕視佛法，怠慢宗教。❸破戒犯齋　戒，指斷絕身體、言語、意志方面的罪惡。佛家僧尼有「五戒」（不殺生、不偷盜、不邪淫、不妄語、不飲酒），在家居士有「八戒」（不殺生、不偷盜、不邪淫、不妄語、不飲酒、不眠坐高廣華麗之床、不裝飾打扮及聽歌觀舞、不食非時之食）等。所以破戒犯齋就是指破壞違犯佛教的規戒及齋儀。❹吾我貢高　自高自大。❺邪見　否認善惡因果報應的見解。❻身口意業　指因眾生的行為、語言、意識正確、善惡與否所造成的業果。

【語　譯】佛告訴四大天王說：「地藏菩薩從無數劫直到現在，雖然已經度脫了一切罪極受苦的眾生，但並沒有完成他累劫以來所發的宏願，這是因為他慈悲憐憫這個世界的受罪苦眾生，而且他觀察到，在未來的無數量劫中，這些眾生的罪業惡因，像蔓草一樣叢生不斷，所以他又發出宏願。為此，地藏菩薩在人世間，用百千萬億種方法，隨機教化。四天王你們聽著，地藏菩薩如果遇到殺生害命的人，就對他說這是幾世的災禍，將來必遭到短命的報應；如果遇到偷盜或做強盜的人，就對他說必然會遭到貧窮困苦的報應；如果遇到邪淫之人，就對他說必然會遭到轉生為麻雀、鵓子、鴛鴦的報應；如果遇到喜歡用惡毒語言毀謗別人的人，就對他說必然遭到變成啞巴或口舌生瘡的報應；如果遇到愛發脾氣又怨恨別人的人，就對他說必然遭到轉生為醜八怪的報應；如果遇到很慳吝的人，就對他說會遭到一切欲求都得不到滿足的報應；如果遇到大吃大喝、飲食沒有節制的人，就對他說會遭到饑餓口渴、咽喉腫痛的報應；如果遇到縱情打獵的人，就對他說會遭到驚嚇恐懼而喪命的報應；如果遇到不孝順父母的人，就對他說會遭到天誅地滅或水火之災的報應；如果遇到縱火燒山林樹木的人，就對他說會遭到狂癲癡呆而死的報應；如果遇到狠毒對待非親生孩子的前父母或後繼父母，就對他們說會遭到轉生後受鞭打的報應；如果遇到用網捕捉魚鱉或飛禽的人，就對他說會遭到父母子女骨肉分離的報應；如果遇到譭謗佛法僧三寶之人，就對他說會遭到變成眼瞎、耳聾、啞巴的報應；如果遇到輕視佛法、怠慢佛教的人，就對他說會遭到永遠墮入三惡道的報應；如果遇到破壞寺院財物的人，就對他說會遭到永遠輪迴在地獄中受苦的報應；如果遇到汙辱修道者、誣陷佛僧之人，就對他說會遭到永遠投生為畜生的報應；如果遇到用熱湯、烈火或利刀傷害生靈的人，就對他說會遭到下一輩受同樣懲罰的報應；如果遇到不守戒律而破齋吃葷的人，就對他說會遭到變成禽獸、挨饑受餓的報應；如果遇到無理亂用或毀壞東西的人，就對他說會遭到所求而不得的報應；如果遇到自高自大、目中無人的人，就對他說會遭到投生為卑微下賤人的報應；如果遇到搬弄是非、挑撥離間者，就對他說會遭到沒有舌頭或長出一百個舌頭的報應；如果遇到心術不正、思想極端之人，就對他說會遭到投生到邊疆荒野受苦的報應。像這樣的世間眾生，他們的行為、語言、意識所造下的惡習業果，有千百種不同的報應。在此我只能大概地說一下。像這些世間眾生不同的善惡，地藏菩薩用千百種不同的方法去教化他們。像這類眾生，先要經受這些報應，隨後又墮入地獄，經過無數量劫的苦難，沒有脫離的時日。所以，你們要保護人類和國家，就不要讓各種罪業把眾生迷惑了，使他們再任意去造作惡業。」四大天王聆聽了佛的叮囑之後，感動的涕淚俱下，合掌致敬而退回原位。

【說　明】本品講述的主要是佛向前來集會聽法的信眾講述地藏菩薩發大願、修功德的情況。通過對本品的學習、研讀，我認為如下幾個方面是值得提示的。首先是講信用的問題。地藏從佛那裏承受了教誨和威力，佛要求它去度脫受苦眾生，地藏對佛的囑託時時牢記在心，而且不畏任何艱苦，努力實現對佛的承諾。這種講信用的品性是值得提倡的，因為在現代社會中，背信棄義的人、事常有發生，所以地藏菩薩對佛的守信行為是很有現實意義的。其次，持之以恆的精神。光目女為了救拔其母親，從資福救拔到尋畫佛像，從啼淚號泣到跪拜發願，直到如來佛為其修福行為所感動。這種精神也是當今青年人所欠缺的。當今社會，生活節奏極快，經濟發展誘發了人們的感性欲望，對於那些長期的、要經受苦難才能獲得幸福的工作方式，都不感興趣，這就是持恆耐心的缺乏，如此看，光目女（地藏菩薩）的持之以恆的精神並沒有過時。第三，本品還告訴我們，只要付出努力，便可獲得回報。光目女經過千辛萬苦，斥家財，但最終救拔了母親。這告訴人們，做任何一件事，只要認真、踏實、堅持去做，便一定會有好的回報。其四，救拔度脫眾生要有針對性。地藏菩薩十分注重這一點，遇到不同的罪業，給予針對性報應。如遇到殺生者，就對他說宿殃短命；遇到竊盜者，就對他說貧窮苦楚；遇到毀謗佛者，就對他說無舌瘡口等等。針對不同的罪業，施與不同（相應）的報應，體現了不同問題不同辦法的解決風格，也是很值得遇事瞎指揮的人們學習的。

地獄名號品第五

【題解】地藏菩薩介紹地獄的種種名號及地獄中果報情形。地獄成千上萬而千差萬別，地獄中的刑具多種多樣而十分殘忍。本品通過地藏菩薩對地獄種種罪具的描述，來說明人在俗世中的貪嗔癡等惡念，盜淫欺詐等惡業都一一對應地獄的一種刑具，而只有擺脫各種習性紛亂，環境干擾，皈依佛主，積累現世善業，才能擺脫地獄輪迴之苦。同時應該注意，現世也是一個大苦楚的世界，因此聰明的人對於環境應曠達歡喜，擺脫各種憂愁煩惱，遠離現實地獄的痛苦，才能安樂地活在人間的天國裏。

爾時普賢菩薩❶摩訶薩白地藏菩薩言：「仁者❷，願為天龍四眾❸及未來、現在一切眾生，說娑婆世界及閻浮提罪苦眾生所受報處，地獄名號及惡報等事，使未來世末法眾生❹知是果報。」地藏答言：「仁者，我今承佛威神，及大士❺之力，略說地獄名號及罪報惡報之事。仁者，閻浮提東方有山，號曰鐵圍。其山黑邃，無日月光。有大地獄，號極無間❻；又有地獄，名大阿鼻❼；復有地獄，名曰四角；復有地獄，名曰飛刀；復有地獄，名曰火箭；復有地獄，名曰夾山；復有地獄，名曰通槍；復有地獄，名曰鐵車；復有地獄，名曰鐵床；復有地獄，名曰鐵牛；復有地獄，名曰鐵衣；復有地獄，名曰千刃；復有地獄，名曰鐵驢；復有地獄，名曰洋銅；復有地獄，名曰抱柱；復有地獄，名曰流火；復有地獄，名曰耕舌；復有地獄，名曰剉首；復有地獄，名曰燒腳；復有地獄，名曰啖眼；復有地獄，名曰鐵丸；復有地獄，名曰諍論；復有地獄，名曰鐵鈇；復有地獄，名曰多嗔。」

【章旨】地藏菩薩回應普賢菩薩，向天龍四眾及將來的，現在的一切眾生講述俗世中的罪惡苦痛以及所受惡報的地方——地獄的名號，以及各種惡報的情況，以使眾生瞭解善惡因果報應之事。

【注釋】❶普賢菩薩　即「三曼多跋陀羅」，也稱「遍吉」。為釋迦牟尼佛前的右脅侍，代表德行。據說他有延命之德，能周遍施法，並發十大宏願，成為諸佛的理想、行德者，其塑像多騎白象。❷仁者　即仁慈者，是菩薩對菩薩的相互稱呼，意謂大慈大悲的菩薩。❸四眾　也稱為四部眾或四部弟子。本來指比丘、比丘尼、男居士、女居士。這裏是指四位護法神，即四大金剛或四大天王。❹末法眾生　沒有聽聞過佛法的眾生。❺大士　音譯為摩訶薩，意指「偉大的人」，在佛教，通常指菩薩而言。❻極無間　受極大苦，而沒有暫歇，沒有間斷。❼阿鼻　梵語avici的音譯，漢譯作無間，這是最低的地獄，是最苦的地獄，有情眾生犯了五逆、謗法的重罪，便要墮落到這個地方。

【語譯】這時候，普賢菩薩對地藏菩薩說：「仁慈的人啊，請你為天龍四眾以及未來、現在的一切眾生，說一說這俗世中及受苦受罪的芸芸眾生，所應受報應的地方、各種地獄的名號以及各種惡報的情況，使以後世間沒有聞聽過佛法的眾生，知道善惡因果報應是怎麼一回事。」地藏菩薩回答說：「仁者，我現在仰承佛的威神，以及各位大士的力量，大概地說說地獄的名號，以及犯罪作惡受到的報應的事情。仁者，在南贍部洲東面，有一座山，名字叫作鐵圍山，那座山黑暗深邃，沒有日月光明，在山中有一座大地獄，名字叫極無間，罪人在此地獄遭受極大而無休無止的苦痛；又有一座大地獄，名叫大阿鼻，罪人在此地獄遭受難以言表的極大苦痛；又有一座地獄，名叫四角，罪人在此地獄遭受火燒而四處亂竄之苦；又有一座地獄，名叫飛刀，罪人在此地獄遭受無數把尖刀的刺殺之苦；又有一座地獄，名叫火箭，罪人在此地獄遭受無數支火箭的穿射之苦；又有座地獄，名叫夾山，罪人在此地獄遭受被兩座大山夾成肉餅之苦；又有座地獄，名叫通槍，罪人在此地獄遭受被鐵槍戳穿胸背之苦；又有座地獄，名叫鐵車，罪人在此地獄遭受被鐵車碾碎身體之苦；又有座地獄，名叫鐵床，罪人在此地獄遭受睡床被燒焦之苦；又有座地獄，名叫鐵牛，罪人在此地獄遭受被噴火的鐵牛追趕踐踏之苦；又有座地獄，名叫鐵衣，罪人在此地獄遭受穿戴燒火的鐵衣之苦；又有座地獄，名叫千刃，罪人在此地獄遭受成千上萬把利刀刺殺之苦；又有座地獄，名叫鐵驢，罪人在此地獄遭受被鐵驢踩踏之苦；又有座地獄，名叫洋銅，罪人在此地獄遭受被熔化的銅汁澆灌之苦；又有座地獄，名叫抱柱，罪人在此地獄遭受被迫擁抱燒紅的鐵柱之苦；又有座地獄，名叫流火，罪人在此地獄遭受被流火追燒之苦；又有座地獄，名叫耕舌，罪人在此地獄遭受舌頭被鐵器刻耕之苦；又有座地獄，名叫剉首，罪人在此地獄遭受被銼刀銼頭之苦；又有座地獄，名叫燒腳，罪人在此地獄遭受被火燒腳之苦；又有座地獄，名叫啖眼，罪人在此地獄遭受被鐵鷹啄食肉眼之苦；又有座地獄，名叫鐵丸，罪人在此地獄遭受吞服鐵丸之苦；又有座地獄，名叫諍論，罪人在此地獄遭受彼此搏殺之苦；又有座地獄，名叫鐵鈇，罪人在此地獄遭受被鐵斧砍殺之苦；又有座地獄，名叫多嗔，罪人在此地獄遭受彼此相怒相殘之苦。」

地藏白言：「仁者，鐵圍之內，有如是等地獄，其數無限。更有叫喚地獄、拔舌地獄、糞尿地獄、銅鎖地獄、火象地獄、火狗地獄、火馬地獄、火牛地獄、火山地獄、火石地獄、火床地獄、火梁地獄、火鷹地獄、鋸牙地獄、剝皮地獄、飲血地獄、燒手地獄、燒腳地獄、倒刺地獄❶、火屋地獄、鐵屋地獄、火狼地獄。如是等地獄，其中各各復有諸小地獄，或一，或二，或三，或四，乃至百千，其中名號，各各不同。」

【章　旨】敘說鐵圍山中的地獄之多及各不相同的名號。

【注　釋】❶倒刺地獄　把罪人倒掛在火燒的大鐵樹上，大鐵樹長滿刺，將人向下猛拖，樹刺倒刺入罪人之身。

【語　譯】地藏菩薩說：「仁慈的人啊，在鐵圍山之內，像這樣類似的地獄，數量之多，是無可計算的。在這無間阿鼻大地獄裏，另外還有使罪人痛苦的大聲叫喚的叫喚地獄；拔掉罪人舌頭的拔舌地獄；把罪人拋入糞尿坑裏的糞尿地獄；用銅鎖鎖住罪人脖子的銅鎖地獄；用大象噴火並追逐踐踏罪人的火象地獄；用狗噴火並狂咬罪人的火狗地獄；用馬噴火並踐踩罪人的火馬地獄；用牛噴火並追殺罪人的火牛地獄；用山火焚燒罪人的火山地獄；用燒紅的石頭烤壓罪人的火石地獄；用火床燒烤罪人的火床地獄；將罪人掛在火梁上燒烤的火梁地獄；用噴火的鷹啄食人肉的火鷹地獄；將罪人牙齒鋸斷的鋸牙地獄；將罪人肉皮剝剮掉的剝皮地獄；用毒蟲毒蛇吸罪人血的飲血地獄；用火燒烤罪人手的燒手地獄；用火燒烤罪人腳的燒腳地獄；將罪人倒掛在長滿刺的樹上然後將罪人往下拖的倒刺地獄；將罪人關在火屋內用火焚燒的火屋地獄；將罪人關在鐵屋內用火焚燒的鐵屋地獄；罪人遭受惡狼噴火狂咬的火狼地獄等。像這樣一類的大地獄中，又有各種各樣的小地獄，或者一個小地獄，或者兩個，或者三個，或者四個，以至於有百千個，它們的名號又各個不相同。」

地藏菩薩告普賢菩薩言：「仁者，此者皆是南閻浮提行惡眾生業感

如是。業力甚大，能敵須彌❶，能深巨海，能障❷聖道❸，是故眾生莫輕小惡，以為無罪，死後有報，纖毫受之。父子至親，歧路各別。縱然相逢，無肯代受。我今承佛威力，略說地獄罪報之事，唯願仁者，暫聽是言。」普賢菩薩答言：「吾以久知三惡道報，望仁者說，令後世末法一切惡行眾生，聞仁者說，使令歸佛。」

【章旨】地藏菩薩自述其介紹各種地獄名號及其情況的目的：閻浮提眾生受現世習性、環境所染，而造出不同層次的業力，阻礙無邊的佛法聖道。凡人應相信因緣報應，自覺皈依佛法，積善棄惡，以達到不生不滅境界，死後進入天國，遠離地獄。

【注釋】❶須彌　印度神話的山名，指佛釋迦牟尼以及四大天王居住的山。其高八萬四千由旬。❷障　隔絕。❸聖道　指佛道，指通過修行無邊的佛法，借助佛的力量以發現佛心，達到覺悟的境界。

【語譯】地藏菩薩告訴普賢菩薩說：「仁慈的人啊，這些地獄都是世界上作惡事的眾生作惡業時而招致的惡報之結果。而且，這種招致惡報的業力是十分巨大的，比須彌山還高，比大海還深，它能夠阻礙人修行聖道。由於業力是如此大的緣故，所以世間眾生不要輕視小惡，以為小惡是沒有罪的，要知道，死後的報應，哪怕纖細如毫髮一般微不足道，也是有所報應的，雖然父子是骨肉至親，但是到受報應的時候，各走各的路，各有各的分別的報應，即使兩個人相逢，也是無法彼此代受罪苦的。我現在仰承佛的威力，大概地說說地獄罪報的情況，希望仁者你暫時聽我這些話。」普賢菩薩回答說：「我在很久以前就知道三惡道的報應，希望您能再說一說，讓將來末法時代的不知佛法的行惡眾生，聽了仁者的這番話以後，能夠使他們誠心皈依佛法。」

地藏白言：「仁者，地獄罪報，其事如是，或有地獄，取罪人舌，使牛耕之；或有地獄，取罪人心，夜叉食之；或有地獄，鑊湯盛沸，煮罪人身；或有地獄，赤燒銅柱，使罪人抱；或有地獄，使諸火燒，趁及罪人；或有地獄，一向寒冰；或有地獄，無限糞尿；或有地獄，純飛鏃鏫；或有地獄，多攢火槍；或有地獄，唯撞胸背；或有地獄，但燒手足；或有地獄，盤繳鐵蛇；或有地獄，驅逐鐵狗；或有地獄，盡駕鐵騾。仁者，如是等報，各各獄中有百千種業道之器，無非是銅是鐵，是石是火❶，此四種物，眾業行感。若廣說地獄罪報等事，一一獄中，更有百千種苦楚，何況多獄。我今承佛威神，及仁者問，略說如是。若廣解說，窮劫不盡。」

【章 旨】描述罪人在各種地獄中受罪的情形，指出罪刑都是由凡人的百千種的業道感召而形成的，因此地獄是業力因緣報應的場所。

【注 釋】❶是銅是鐵二句 銅鐵石火，比喻眾生造惡，同他們一樣堅利頑劣，勇猛蔓延。

【語 譯】地藏菩薩說：「仁慈的人啊，地獄中的罪惡報應的情形是這樣的：有的地獄，拔取罪人的舌頭，用牛去耕犁；有的地獄，挖取罪人的心臟，讓夜叉去吃；有的地獄，用大鍋盛滿滾燙的沸湯，把罪人放入鍋內去煮；有的地獄，把銅柱烤紅，要罪人去抱；有的地獄，到處是火熊熊燃燒，驅趕罪人被火焚燒；有的地獄，一直都是寒冰，風吹寒冰，讓罪人凍死；有的地獄，到處是糞尿，使罪人不堪忍受；有的地獄，到處是鐵刺紛飛，刺入罪人骨髓；有的地獄，到處是火槍，刺透罪人的胸腹；有的地獄，只是用鐵錘捶擊罪人的胸背；有的地獄，只是用大火燒罪人的手腳；有的地獄，到處盤繞著鐵蛇，吸食罪人之血；有的地獄，罪人被鐵狗驅趕撕咬；有的地獄，讓罪人騎在燒紅的鐵騾子上。仁者啊，像這樣的報應，在各種各樣的不同地獄中，有千百種。這千百種刑具，無不是由銅、鐵、石、火之類做成的，這四種東西，也是眾生造業行惡所感召而形成的。倘若要詳細地說地獄裏罪惡報應的事情，每座地獄中又有千百種苦楚，更何況有這麼許多的地獄呢！現在我仰承佛的威力神通，以及承蒙仁者們的詢問，大略地這樣介紹一下，如果要詳細地說，是說不盡的，因為眾生所作的惡業，是多得無窮盡的。」

【說　明】本品主要敘述地獄名號、地獄刑具及用刑的情形。首先值得讀者朋友們注意的，主要還是敘述方法上的技巧。地藏敘述的次序是：大地獄名號、大地獄中的小地獄、以及地獄中的用刑情況。此外，勿以小惡而為的思想，告誡眾生，不要輕視生活的細小的惡行，細小的惡行，任其滋延發展，便會釀成大惡，儒家講「勿以惡小而為之」，也是這個道理。生活中很多人就不在意這個，以為是生活中的小節，不加檢點，直至後來鑄成大錯，後悔晚矣。再者，提倡報應自受，報應主體只有當事人，誰作了罪業，誰就承受報應，顯示了報應的明確性。佛教講因果報應，業報輪迴，認為一切善惡報應，均自作自受，而不是從天降，更不是人為，都是「自妄所招」，亦應「還來受」，因此，芸芸眾生，都由自身行為作業而投生，墮毀，或上天國，或入地獄，各種善業和惡業，都會有果報。而且這種善惡報應，禍福想承，身當受之，無誰代者。這種果報將投向何方？這種果報最直接最具體形象而且最震撼人心的莫過於天堂、地獄說。天堂給人以嚮往，但卻比不過地獄給人帶來的恐懼。通過掌管地獄的地藏菩薩之口來講述地獄的名號及其惡業給人帶來的刑罰，使眾生形成對地獄的畏懼之情以促進眾生遠離地獄之心。由死而思生，現世眾生應自戒其行為，通過皈依佛法而自慎其言、行、意、情，通過積累善行，遠離煩惱，堅持修行，以獲得佛心，達到覺悟境界，死後不墮入地獄而直升天國。

如來讚歎品第六

【題解】如來佛通過向普廣菩薩解釋《地藏菩薩本願經》的由來以讚歎地藏菩薩的大功業，指出地藏菩薩的大慈悲，引導凡夫通過誦讀《地藏菩薩本願經》，或禮拜，或尊信或稱頌地藏菩薩，以獲得地藏菩薩的神威，減輕自身罪業，使在三世中獲得好的果報；而對於那些褻瀆菩薩的眾生，則予以懲戒，讓他們墮入地獄或永受勞苦、疾病，直至皈依才能享受菩薩的大功德，以獲得解脫。現世的眾生都應感激和讚歎地藏菩薩的大力救護，借助地藏菩薩的威力以自救或救人。

爾時世尊舉身放大光明，遍照百千萬億恆河沙等諸佛世界，出大音聲，普告諸佛世界：「一切諸菩薩摩訶薩，及天龍、鬼神、人非人❶等，聽吾今日稱揚讚歎地藏菩薩摩訶薩，於十方世界，現大不可思議威神慈悲之力，救護一切罪苦之事，吾滅度❷後，汝等諸菩薩大士及天龍鬼神等，廣作方便❸，衛護是經，令一切眾生，證涅槃樂。」說是語已，會中有一菩薩，名曰普廣❹，合掌恭敬，而白佛言：「今見世尊讚歎地藏菩薩有如是不可思議大威神德，唯願世尊為未來世末法眾生，宣說地藏菩薩利益人天因果等事，使諸天龍八部及未來世眾生，頂受佛語。」爾時世尊告普廣菩薩及四眾等：「諦聽諦聽，吾當為汝略說地藏菩薩利益人天福德之事。」普廣白言：「唯然，世尊，願樂欲聞❺。」

【章　旨】釋迦牟尼佛告訴諸佛以及眾生要保護《地藏菩薩本願經》，並稱讚地藏菩薩具有大功德，告戒諸佛和眾生應稟聽地藏菩薩在天上人間修造福德的事，應努力頌揚地藏菩薩的大慈悲、大功德。

【注　釋】❶人非人　梵語kim-nara，音譯作「緊那羅」，是一種似人非人的天神。❷滅度　亦稱圓寂、涅槃，即身將滅的意思。這裏指佛徒逝世。❸廣作方便　菩薩普度眾生的二大利器。❹普廣　釋迦牟尼弟子之一。智滿法界為普，行滿虛空為廣。❺願樂欲聞　表示一種早已盼切，想要聽的意思。

【語　譯】這時，釋迦牟尼佛全身都放出燦爛的光輝，照遍了百千億像恆河沙一樣多得無法計數的諸佛世界，並向諸佛世界發出巨大的聲音，說：「一切大小菩薩以及天龍、鬼神、人非人等所有眾生，聽我現在來稱頌讚揚地藏菩薩。在十方世界裏，這位大菩薩以巨大得不可思議的威神慈悲之力，救護一切承擔自己業報罪苦的眾生。我逝世之後，你們諸位菩薩、大士、以及天龍鬼神等，應廣泛地作出種種方便，來保衛守護這部《地藏菩薩本願經》，使一切眾生都能得到不生不滅的涅槃之樂，都能成佛。」佛說完這番話以後，集會中有一個菩薩，名字叫普廣。他合掌恭敬地對佛說：「現在聽見世尊讚歎這位地藏菩薩有如此巨大的不可思議的威力、神通和功德，希望世尊再為未來末法時代的芸芸眾生，宣說地藏菩薩對天上、人間眾生的因果報應的情況，以使天龍八部眾以及未來世間眾生都能頂戴聽受佛的教誨。」這時，世尊告訴普廣菩薩以及四眾說：「認真聽吧，認真聽吧，我應現在為你們大略地講講地藏菩薩造福天上人間的事情。」普廣對佛說：「是的，世尊，我早就想聽你講講。」

佛告普廣菩薩：「未來世中，若有善男子、善女人❶，聞是地藏菩薩摩訶薩名者，或合掌者，讚歎者，作禮者，戀慕者，是人超越三十劫罪。普廣，若有善男子，善女人，或彩畫形像，或土石膠漆金銀銅鐵，作此菩薩，一瞻一禮者，是人百返生於三十三天，永不墮於惡道。假如天福盡故，下生人間，猶為國王，不失大利。若有女人，厭女人身，盡心供養地藏菩薩畫像，及土石膠漆銅鐵等像，如是日日不退，常以華香、飲食、衣服、繒彩❷、幢幡、錢寶物等供養，是善女人盡此一報女身，百千萬劫，更不生有女人世界，何況復受。除非慈願力故，要受女人身，度脫眾生，承斯供養地藏力故，及功德力，百千萬劫不受女身。復次普廣，若有女人，厭是醜陋多疾病者，但於地藏像前，志心瞻禮，食頃之間，是人千萬劫中，所受生身，相貌圓滿。是醜陋女人，如不厭女人身，即百千萬億生中，常為王女，乃及王妃，宰輔大姓大長者女，端正受生，諸相圓滿。由志心故，瞻禮地藏菩薩，獲福如是。」

【章　旨】不管善男善女，只要行善，如虔誠讚歎、敬信禮拜、供養和塑佛像等，就能借助地藏菩薩的大慈悲，大功德，可以超越劫數，達成願望，獲得無盡的功德。

【注　釋】❶善男子善女人　專修善事，不作惡業的男女。❷繒彩　用綢緞結彩裝飾。

【語　譯】佛告訴普廣菩薩：「未來的世界中，如果有那些修行善業的男人和女人，聽到地藏菩薩的名字，或合掌尊敬，或連聲讚歎，或禮拜，或戀慕，那麼這種人就能超脫三十劫的罪惡報應。普廣，如果有行善的男男女女，或者用顏彩繪畫地藏菩薩的形像，或者用土石膠合油漆，金、銀、銅、鐵等材料，塑造地藏菩薩的像，並且向菩薩瞻仰禮拜，這樣的人就可以百次地往返誕生於三十三天上，永遠不墮入惡道。假如因為天福享盡的緣故，這人下生人間，還可以當國王，不會失掉大利益。如果有那種女人，討厭自己的女人身，只要她誠心盡力供養地藏菩薩的畫像，或者供養用土石膠合油漆、銅鐵等材料塑造的像，這樣堅持不懈地虔誠供養而不變心，經常用香燭、鮮花、飲食、衣物、繒彩、幢幡、錢財、珍寶物品等東西供養地藏菩薩像，那麼，這樣的善女在結束了這一生的女人身之後的百千萬劫中，再不會生到女人世界中去，何況是再受報為女人身。除非是她自己慈悲，並發誓願的緣故，要受女人身來超度解脫眾生之苦。憑藉她虔誠供養地藏菩薩的福力，再加上自己的功德力，那麼在百千萬劫中，都不會再轉生為女人身。」佛又對普廣說：「如果有女人，厭惡自己容貌醜陋又身染多種疾病，只要她在地藏菩薩像前，誠心誠意地瞻仰禮拜，只要一頓飯時間，這女人在千萬劫中，所受生的身體，相貌都端莊圓滿，這個相貌醜陋的女人，如果不討厭自己的女人身，便可在百千萬億的轉生中，常常生作帝王的女兒，或者生作王妃，或者做宰相或大戶人家或德高望重人家的女兒，而且生得端莊秀麗。諸相都非常圓滿稱意。這是由於她誠心和瞻仰禮拜地藏菩薩所獲得的福分。」

復次普廣：「若有善男子，善女子，能對菩薩像前，作諸伎樂❶，及歌詠讚歎，香華供養，乃至勸於一人多人，如是等輩，現在世中，及未來世，常得百千鬼神，日夜衛護，不令惡事，輒聞其耳，何況親受諸橫❷。」復次普廣：「未來世中，若有惡人，及惡神惡鬼，見有善男子，善女人，歸敬供養讚歎瞻禮地藏菩薩形像，或妄生譏毀，謗無功德及利益事，或露齒笑，或背面非，或勸人共非，或一人非，或多人非，乃至一念生譏毀者，如是之人，賢劫千佛❸滅度，譏毀之報，尚在阿鼻地獄，受極重罪。過是劫已，方受餓鬼；又經千劫，復受畜生；又經千劫，方得人身，縱受人身，貧窮下賤，諸根不具，多被惡業，來結其心。不久之間，復墮惡道。是故普廣，譏毀他人供養，尚獲此報，何況別生惡見毀滅。」

【章　旨】釋迦牟尼佛告訴普廣菩薩，如有善男善女能作樂、讚歎、歌頌、供養于地藏菩薩像前，就會獲得地藏菩薩的護衛，遠離惡事；而如有人對地藏菩薩產生譏笑毀譽之心，並進行毀謗，那將身受因果報應，投身地獄，身受千劫之苦。

【注　釋】❶伎樂　伎，指歌舞。樂，指音樂。❷橫　橫禍；災難。❸賢劫千佛　梵名劫簸，佛教認為世界經過一小劫毀滅一次，然後重新開始，這樣一個週期又分四個階段：賢劫階段，有佛出世，故稱賢劫。釋迦牟尼是第四佛。

【語　譯】佛又對普廣說：「如果有善男善女，能夠在地藏菩薩像面前，創作各種歌舞音樂，以及歌頌讚歎地藏菩薩，用香燭、鮮花來供養他乃至勸導一人或多人讚歎和供養菩薩，像這樣的人，在現世以及未來的諸世中，常常會得到千百鬼神日夜保衛守護，不讓惡事傳到他的耳朵，更遑論是親身承受諸般的橫禍呢！」佛又對普廣說：「在未來世中，如果有惡人以及惡神、惡鬼，看見善男善女皈依、恭敬、供養、讚歎、瞻仰、禮拜地藏菩薩的形像，而妄生了譏笑毀謗之心，毀謗說這是無功德無利益的事，或露出牙齒冷笑，或背後非議，或唆使許多人共同非議，或一個人做非理的壞事，或許多人一起做壞事，乃至有一絲譏笑、毀謗之心的人。像這樣的人，就是在賢劫中千佛都滅度之後，仍要受到譏毀業力的惡報，他們還在阿鼻地獄中受極重的罪苦，過了這劫數之後，方受餓鬼的罪苦，又經過一千劫，才又讓他們做畜生，又經過千劫，才能轉身為人，即使轉身為人，他們也要遭受貧、窮的折磨，而且地位卑下，同時六根不完全具備，身體殘缺，而且經常被以前所造的惡業糾纏他的心，不久之後，又再次墮入惡道之中。所以普廣，譏笑毀謗他人供養菩薩，都會獲得這樣的果報，更何況是另外生出其他惡意惡行來毀滅佛法呢！」

復次普廣：「若未來世，有男子女人，久處床枕❶，求生求死，了不可得，或夜夢惡鬼，乃及家親，或遊險道，或多魘寐❷共鬼神遊，日月歲深，轉復尪瘵❸，眠中叫苦，慘淒不樂者，此皆是業道論對❹，未定輕重。或難捨壽，或不得愈。男女俗眼，不辨是事，但當對諸佛菩薩像前，高聲轉讀此經一遍，或取病人可愛之物，或衣服、寶貝，莊園舍宅，對病人前，高聲唱言：我某甲等，為是病人，對經像前，舍諸等物，或供養經像，或造佛菩薩形像，或造塔寺，或燃油燈❺，或施常住，如是三白病人，遣令聞知。假令諸識❻分散，至氣盡者，乃至一日、二日、三日、四日，至七日已來，但高聲白，高聲讀經。是人命終之後，宿殃❼重罪，至於五無間罪❽，永得解脫；所受生處，常知宿命❾。何況善男子善女人，自書此經，或教人書，或自塑畫菩薩形像，乃至教人塑畫，所受果報，必獲大利。是故普廣，若見有人讀誦是經，乃至一念讚歎是經，或恭敬者，汝須百千方便，勸是等人，勤心莫退，能得未來現在千萬億不可思議功德。」

【章　旨】世間善男善女，只要抄寫或教人抄寫《地藏菩薩本願經》，並勤懇用心地誦讀這部經，或供養、施捨、塑像，他就能夠從宿世的禍殃及其重罪中解脫出來，在現世以及以後千萬世中都獲得不可思議的大功德。

【注　釋】❶久處床枕　四肢不能支撐，只能處在床上，即長期臥病在床。❷魘寐　睡著被鬼壓住，蘇醒不過來。❸尪瘵　指一切極重大極痛苦的疾病。尪，指脊病，背佝僂伸不直。瘵，指五癆七傷。❹論對　如判官審罪一般，根據所種的業來審定其果報。❺燃油燈　點燃油燈供養佛，以解脫自己的痛苦。❻諸識　人身有八識神，這裏指各種意識，意志，思維等。❼宿殃　前世的罪過、禍殃。❽五無間罪　五種重大的罪過，又稱五逆或五逆罪。即殺父、殺母、殺阿羅漢，傷佛身使流血，破壞僧團團結。❾宿命　前世命裏所做的事。

【語　譯】佛又對普廣說：「如果在來世中有那種男人、女人，長時間臥病在床，尋求生死解脫而不能夠實現，或者夜間睡覺時夢見惡鬼和已死亡的親人眷屬，或者遊走於危險的道路上，或者夜間作惡夢，被惡鬼糾纏，或者與鬼神同遊，這樣年久日深，病入膏肓，轉為五癆七傷，殘疾重病，在睡眠中痛苦叫喚不已，極為慘淒悲痛。這都是因為依據以往所造的惡事對應他們應遭受的果報，但還沒有判定他們罪業輕重的緣故，他們或者難以捨命死去，或者久病不得痊癒。以上這些事情，世間男男女女的凡胎俗眼，是難以辨別清楚的。但當他們面對諸佛菩薩的像，高聲誦讀《地藏菩薩本願經》一遍，或拿取久病之人的最喜歡的東西，或衣服、寶貝，或是莊園、房宅，在病人前面，高聲誦唱：我是某甲等人，為了這位病人，在佛像面前施捨這些財物，或者供養經和佛像，或者塑造佛和菩薩寶像，或者建造塔寺，或者點燃油燈供養菩薩，或者施捨給寺院。這樣對病人誦唱三次，讓病人能夠清楚地聽到這些誦詞。如果病人已經失去意識，或者已經氣絕身亡，只要連續從第一天到第七天，高聲地對他說這些話，誦讀經文，這個人命終之後，宿世的禍殃和重罪，以至於流入五無間地獄的重罪，都能得到永遠的解脫。他所投生的地方，可以知道前世的因果。更何況是善男善女自己抄寫《地藏菩薩本願經》，或者教別人抄寫或者自己塑造地藏菩薩的形像，甚至是教導別人塑造地藏菩薩的像，他所受到的果報，必定能夠獲得很大的利益。所以，普廣，如果看見有人誦讀這部經，乃至於在發一念之間而讚歎稱頌這部經，或者對這部經恭敬虔誠，你須用百千萬種方法提供方便，奉勸這些人，勤懇地誠心地讀誦，堅持不懈，不要有退怯之心，這樣，他們便能在現在、未來得到千萬億種不可思議的功德。」

復次普廣：「若未來世諸眾生等，或夢或寐，見諸鬼神，乃及諸形，或悲或啼，或愁或歎，或恐或怖，此皆是一生十生，百生千生過去父母，男女弟妹，夫妻眷屬，在於惡趣，未得出離，無處希望福力救拔，當告宿世骨肉，使作方便願離惡道。普廣，汝以神力，遣是眷屬，令對諸佛菩薩像前，志心自讀此經，或請人讀，其數三遍，或七遍，如是惡道眷屬，經聲畢是遍數，當得解脫，乃至夢寐之中，永不復見。」

【章　旨】佛告訴普廣應運用他的神力幫助現世眾生讀誦《地藏菩薩本願經》，勤修功德，以通過他們的功德幫助他們前世的親人脫離惡道，遠離夢魘，獲得解脫。

【語　譯】佛又對普廣說：「如果以後世間眾生，或者在做夢時，或者在睡覺時，看見許多鬼神，並且呈現出許許多多的形狀，或者悲傷，或者啼哭，或者哀愁，或者歎息，或者恐慌，或者驚怖，這些都是他在過去的一生、十生、百生、千生中的父母、兒女、兄弟、姐妹、夫妻以及家族親屬，他們在惡道中受苦，得不到解脫，又沒有地方尋找福力以救拔他們解脫，應當告訴他們今世的骨肉，讓他們提供種種方便，以希望他們的親屬脫離惡道。普廣，你用你的神力，遣令這些現世的眾生，讓他們在諸菩薩的像前，專心誠意地親自誦讀這部經，或者請別人誦讀，讀三遍或七遍。這樣做以後，在惡道裏受苦的家屬，在讀經的人讀完這些遍數，當即得到解脫，以至於在睡夢之中，再也不會看見這些親人。」

復次普廣：「若未來世有諸下賤等人❶，或奴或婢，乃至諸不自由之人覺知宿業要懺悔者，志心瞻禮地藏菩薩形像，乃至一七日中，念菩薩名，可滿萬遍，如是等人，盡此報後，千萬生中，常生尊貴。更不經三惡道苦。」

【章　旨】即便是下賤人、不自由人，也可通過誦讀地藏菩薩名號或瞻仰禮拜地藏菩薩，懺悔過去罪業，能夠在未來世中獲得大功力。

【注　釋】❶下賤等人　身分及人格尊嚴等下賤的人，而不單指奴婢，如不信三尊、不孝不敬、竊盜等人都屬下賤人。

【語　譯】佛又對普廣說：「如果在未來世中，有各種下賤的人，或者是奴僕或者是婢女，甚至是各類不自由的人，察覺領悟到自己前世所造的罪業，而要對此進行懺悔，因此他誠心一意瞻仰禮拜地藏菩薩的形像，甚至從第一到第七天之中，念誦菩薩名號達一萬遍。像這樣的人，盡了這一世的果報之後，在以後的千萬生中，經常投生到尊貴的人家裏，更不用經受三惡道的罪苦果報。」

復次普廣：「若未來世中，閻浮提內，剎利❶、婆羅門、長者、居士，一切人等，及異姓種族，有新產者，或男或女，七日之中，早與讀誦此不思議經典，更為念菩薩名，可滿萬遍。是新生子或男或女，宿有殃報，便得解脫，安樂易養，壽命增長；若是承福生者，轉增安樂，及與壽命。」

【章　旨】那些未來世中的有功德之人，只要在他們的新生兒剛生產的七天之中讀誦《地藏菩薩本願經》，則能使新生兒從前世惡報中解脫出來，得到平安快樂和長壽。

【注　釋】❶剎利　又譯作「剎帝利」、「剎地利」，是古印度四種種姓之一。

【語　譯】佛又對普廣菩薩說：「在未來世中，在南閻浮提世中，有剎利種族，有婆羅門種族，有尊敬的長者，有在家修行的居士，有一切眾生以及異姓種族的人，如果有新出生的嬰兒，或男嬰，或女嬰，在他們出生的七日之內，趁早給他們讀誦這部具有不可思議功德的經典，更為他們念誦菩薩名號，念滿一萬遍，這個新出生的嬰兒，無論是男是女，他們在前世所具有的禍殃惡報，便可以得到解脫，平安快樂，容易養育，而且他們的壽命也會隨之增長；如果是因承了前世的福分而投生的嬰兒，也就更增加了他的平安快樂，並會增長他的壽命。」

復次普廣：「若未來世眾生，於月一日、八日、十四日、十五日、十八日、二十三日、二十四日、二十八日、二十九日，乃至三十日，是諸日等，諸罪結集，定其輕重。南閻浮提眾生，舉止動念，無不是業，無不是罪，何況恣情殺害、竊盜、邪淫、妄語，百千罪狀，能於是十齋日❶對佛、菩薩、諸賢聖像前讀是經一遍，東西南北，百由旬內，無諸災難。當此居家，若長若幼，現在未來，百千歲中，永離惡趣；能於十齋日，每轉一遍，現世今此居家無諸橫病❷，衣食豐溢。是故普廣，當知地藏菩薩有如是等不可說百千萬億大威神力利益之事，閻浮眾生於此大士有大因緣，是諸眾生聞菩薩名，見菩薩像，乃至聞是經三字、五字，或一偈❸一句者，現在殊妙安樂，未來之世，百千萬生，常得端正，生尊貴家。」

【章旨】佛認為南閻浮提眾生的一言一行，一意一動，都在造業，而如果他們在十齋日裏誦讀《地藏菩薩本願經》，借助地藏菩薩的因緣與功德，則能免除家庭天災人禍，獲得衣食豐足。

【注釋】❶十齋日　為佛教在家信徒的每月十天的持戒日，即月旦（初一）、初八、十四日、十五日、十八日、二十三日、二十四日、二十八日、二十九日、三十日，在這十天，持戒念佛敬佛、戒殺放生、素食。齋，梵文uposadha的漢譯。❷橫病　橫染疫病的離苦。❸偈　梵文gatha，音譯為伽陀偈他。

【語譯】佛對普廣說：「假使未來世的眾生，在每月一日、八日、十四日、十五日、十八日、二十三日、二十四日、二十八日、二十九日，乃至三十日這些日子裏，都應該齋戒素食，因為這些日子是結集所有罪業，並是判定他罪業輕重的日子，南閻浮提世間眾生，他的言行舉止，行動意念，沒有不是造業的，沒有不是罪過的，更何況是恣意任性任情地殺生害命、偷盜強搶、放縱邪淫、口出妄語等這百千種的罪狀呢。假如能夠在十齋日裏面對佛、菩薩以及諸賢聖的像誦讀這部經一遍，那麼在東、西、南、北，百由旬裏，就都沒有種種災禍了，居住在這百由旬內的人家，無論年長的，還是年幼的，無論是在現在的，還是在未來千百年內的，永遠都能脫離惡道的報應。如果每逢十齋日，能夠每日轉讀誦念《地藏菩薩本願經》一遍，則能使現世居住在這家的人不會橫染疾病，卻能豐衣足食。正因為這樣，所以普廣，你應當知道，地藏菩薩有這等不可言說的百千億種的大神威大力量，並且做利益眾生的事情，閻浮提的眾生和這位大力士有無比深厚的大因緣，所以那些眾生，聽見菩薩的名號，見到菩薩的像，甚至是聽到《地藏菩薩本願經》中的三個字、五個字，或者是一首偈，一句話，那麼他們在現世都能得到極好的安樂，在未來世以及百千萬生中，經常能長得端莊美麗，並生長在尊貴人家。」

爾時普廣菩薩聞佛如來稱揚讚歎地藏菩薩已，胡跪❶合掌，復白佛言：「世尊，我久知是大士有如此不可思議神力及大誓願力，為未來眾生遣知利益，故問如來，唯願頂受。世尊，當何名此經，使我云何流布？」佛告普廣：「此經有三名，一名《地藏本願》❷，亦名《地藏本行》❸，亦名《地藏本誓力❹經》。緣此菩薩久遠劫來，發大重願，利益眾生，是故汝等依願流布。」普廣聞已，合掌恭敬，作禮而退。

【章　旨】普廣菩薩詢問佛地藏菩薩有如此大功德的原因，以及佛告訴普廣菩薩解釋《地藏菩薩本願經》不同叫法和由來。

【注　釋】❶胡跪　古西域僧人拜坐之法，右膝著地作禮，豎左膝危坐。❷本願　本初的心願。即佛、菩薩於未成佛前為救拔眾生所發的誓願。❸本行　是歷劫度生的行事。即在菩薩位而未成佛時所救拔眾生的行事。❹本誓力　是願行兩用的作用。有願無行其願必落空；有行無願其行是盲行；所以說誓必賅行。

【語　譯】這個時候，普廣菩薩聽完如來佛稱揚讚歎地藏菩薩之後，便右膝著地，合掌跪拜，再次虔誠地對佛說：「世尊，我在很久以前就已知道這位大力士有這麼許多不可思議的神威德力，並且知道他發下的宏大誓願，和他具有的大誓願力，但為了讓未來的眾生都知道他的利益眾生的功德，所以才來問如來佛，希望能夠頂戴領受佛的旨意。世尊，我們應當怎樣稱呼這部經？我們又應如何去流布宣傳這部經呢？」佛告訴普廣說：「這部經有三個名字，一叫《地藏本願經》，一叫《地藏本行經》，一叫《地藏本誓力經》。因為這個菩薩，在很久很久大劫以前，一直以來就發出大的誓願，要為眾生創造功德以使他們獲得利益。所以普廣，你們就應依照他的宏大的誓願去流布宣傳這部經。」普廣聽完佛主的話後，雙手合掌恭敬地作禮，告退了下去。

【說　明】本品主要講述釋迦牟尼佛向其他佛、菩薩、信眾等，讚歎、表彰地藏菩薩的功德。其中值得讀者朋友們注意的幾點是：其一，惡有惡報，善有善報。地藏菩薩解脫受苦眾生，從來就不是無緣無故的，想得到解脫的人必須割捨自己的享受、捐獻財物，才可能獲得報應。佛教報應思想極為明確，即善有善報，惡有惡報，斥資、捐獻、供奉地藏菩薩則可能獲得解脫，反之，誹謗佛法，對佛不恭不敬，則必然遭到惡報。這體現了佛教賞罰分明的精神。值得進一步深思的是，佛教的救贖反映了一種利益守恆觀念。就是說，在佛教中，你要得到好的報應，就必須付出些什麼；你要得到更好的報應，你就要付出的更多，你要有所失，才會有所得。所以，在某種意義上講，佛教的報應思想是有其合理性的。其二，罪人獲得解脫的根本還是自己。人活塵世中，難免要造業，但業有善業、惡業，如何規矩自己的業行，以達到自己和他人的良好果報，這就值得今天的我們仔細思索。雖然佛主告訴我們：地藏菩薩具有大功德，大慈悲，發了大誓願。通過念誦地藏菩薩名號或念誦《地藏菩薩本願經》，虔誠瞻仰禮拜佛，就能淨化心靈，歷練生命，消除業障，免除輪迴，具有無與倫比的大功用。但同時菩薩只是為眾生提供一種幫助的可能、修行的方法。而成佛的關鍵還在於個人。所以個人修行更有持之以恆的修煉心、虔誠意，要修習一種寬大容忍的胸襟，當世人謗我、欺我、辱我、笑我、輕我、賤我、惡我、騙我時，應忍他、讓他、由他、避他、耐他、敬他，或發菩薩心，用智慧去化解一切劫數，把世間一切苦難當作一種考驗，一種提升，一種自我成長，用此來獲得地藏菩薩的大因緣，大功德。同時在尚未達到大功德，能力、德性、因緣還未完全成熟時，應嚴格要求自己，保持瞻仰禮拜虔誠之心不退縮，不能有生抱怨心、譭謗意，應通過要求自己或幫助眾生以積累功德，從而達到智慧和能力的突飛猛進。其三，讀經、修行是擺脫困境的一種方式。在現今社會，所處環境更複雜，物欲更豐富，誘惑更纏人，精神也更空虛，心靈更徬徨，該如何在這種情況下化解我們的貪、嗔、癡以及仇恨、兇殺等罪惡心理，如何獲得怡然自得、超然快樂、豐衣足食？讀佛教經典，感悟其精神，應是值得提倡的一種方法。

卷下

利益存亡品第七

【題解】地藏菩薩具有大神威、大慈悲，他能給眾生帶來不可思議的大利益，這裏眾生既包括活著的，又包括死去的，而這種利益既包括自利，也包括他利，眾生通過做善事，能使自己遠離邪念，同時，也能幫助他人減少困苦，引導他人走向正途；生者應幫助死者減輕罪惡，而不應加罪，應通過修福，使死者獲得一分福力，獲得罪惡解脫，而生者自己獲得六分福力，在現世完滿，在死後安樂。

爾時地藏菩薩摩訶薩白佛言：「世尊，我觀是閻浮眾生，舉心動念無非是罪，脫獲❶善利，多退初心，若遇惡緣，念念❷增益。是等輩人，如履泥塗，負於重石，漸困漸重，足步深邃。若得遇知識❸，替與減負，或全或負，是知識有大力故，復相扶助，勸令牢腳。若達平地，須省惡路，無再經歷。世尊，習惡眾生，從纖毫間便至無量，是諸眾生，有如此習，臨命終時，父母眷屬，宜為設福，以資前路；或懸旛蓋❹，及然油燈；或轉讀尊經，或供養佛像及諸聖像，乃至念佛菩薩，及辟支佛名字，一名一號，歷臨終人耳根；或聞在本識❺，是諸眾生，所造惡業，計其感果，必墮惡趣，緣是眷屬為臨終人修此聖因❻，如是眾罪悉皆消滅。若能更為身死之後，七七日內，廣造眾善，能使是諸眾生永離惡趣，得生人天，受勝妙樂；現在眷屬，利益無量。是故我今對佛世尊及天龍八部、人非人等，勸於閻浮提眾生，臨終之日，慎勿殺害，及造惡緣，拜祭鬼神，求諸魍魎❼，何以故？爾所殺害，乃至拜祭，無纖毫之力，利益亡人，但結罪緣，轉增深重；假使來世或現在生，得獲聖分，生人天中，緣是臨終被諸眷屬造是惡因，亦令是命終人，殃累對辯，晚生善處。何況臨命終人在生未曾有少善根，各據本業，自受惡趣，何忍眷屬更為增業？譬如有人從遠地來，絕糧三日，所負擔物強過百斤，忽遇鄰人，更附少物，以是之故，轉復困重。世尊，我觀閻浮眾生，但能於諸佛教中，乃至善事，一毛一渧❽，一沙一塵，如是利益，悉皆自得。」

【章　旨】地藏菩薩認為，眾生一思一念、一舉一動都在造惡業，自己也走在惡道上，而通過高僧指引或死後通過親屬修福德可以轉向善道。在世親屬不應該再加重已死之人的罪業，而是增加他們的福澤，同時增加自己的福分。

【注　釋】❶脫獲　沒有獲得。❷念念　貪、癡、嗔的心念，同時也指各種念頭產生的時間短暫。❸知識　指善知識，即自己具有大德行，善於教化別人，勸人棄惡從善，並使人萌發善心善念的大智識、大高僧。❹幡蓋　造黃色幡以及傘蓋，這些聖物能夠降魔、延壽、積福以及防止眾生墮入惡道。❺本識　身心世界的根本，又名阿賴耶識，這是最高的識。❻聖因　指供養佛像，以及讀經念佛等類。❼魍魎　傳說中的鬼怪，通常居住在山水間。❽渧　同「滴」。

【語　譯】這時，地藏菩薩對佛說：「世尊我觀察這閻浮提中的眾生，舉止言行，一思一念，沒有不是造罪業的，如果一時信佛但沒有獲得利益，大多數會轉回原來的境況心情，不再信佛做善事；如果遇到作惡的機緣，在動念之間就會增加惡業。所以，這類人好比走在泥濘的道路上，又背著很重的石頭，行走越來越困難，重量也越來越沉，腳步也越陷越深，直至陷入深深的泥淖而不能自拔。這時，若遇上大功德、大慈悲的人幫助他減輕負擔，或完全替他排除負擔，是因為大慈悲之人具有大力量，應該認識到這是條惡道，而不再走這條路。世尊，眾生在世間所造的惡業，從像纖細毫毛一般的少的罪業開始，以至於到無數多，是因為世間的眾生已經習慣了這般造惡業，所以他們臨終之時，他們的父母親屬應該為他們廣修福緣，廣行布施，以資助他們往生善道，或者在佛堂懸掛幢幡、寶蓋、帳幕以及諸聖像，直至念佛、菩薩和辟支佛的名字，每念的一個名字或每一聲佛號都要進入臨終人的耳朵裏面去，或者能夠讓他們的本識聽見。這類眾生所造的惡業，計算其惡業所感召的惡果報應，都必然會墮入惡道裏受苦。但由於他們的親屬替臨終人修了福分，供養佛像，念誦佛號，他們所應承受的罪業，都將消滅乾淨。如果這些親屬更能夠在臨終人身死之後的七七四十九天內，廣造各種善事，則能夠使這眾生永遠的脫離惡道，投生做人，或上升到天道，去享受無比美妙的快樂，他們在世的親屬，也將獲得無窮的利益功德。所以今天我對佛世尊以及天龍八部、人非人等說，希望能夠幫助勸告閻浮提世中的眾生在臨終的時候，要特別謹慎，切勿殺生以及造惡業，或拜祭鬼神，求救於惡鬼。為什麼呢？你所殺害生命以至於拜祭鬼神，對死去的人是沒有絲毫的利益的，只能夠結下罪緣，使他們的罪業更加深重。假使在來世或現世，因為獲得了菩薩的因緣功德，托生於人或上升到天道，也因為臨終時他們的親屬殺害生命祭鬼神所造的惡業的緣故，使這死亡的人遭受連累，與被殺死的生靈進行對辯，延遲了投生的時間，更何況這快要死的人活著時沒有一點善根，各人根據他們本來的罪業來承受惡道報應，這親屬又怎能忍心再為他們增加罪業呢？正如有人從很遠的地方來到這裏，三天沒有吃飯，他所負擔的東西，超過百斤，忽然碰到他的鄰人，他又在他身上添加少量的東西，因為這個緣故，又再次增加了他的困難和負擔。世尊，我看閻浮提世中的眾生，只要他們能夠在諸佛的教導之中做善事，哪怕是一毛一滴，一沙一塵這樣微小的善事，做善事所積累善業獲得的利益，都能夠讓他們自己得到。」

說是語時，會中有一長者，名曰大辯❶，是長者久證無生❷，化度十方，現長者身。合掌恭敬，問地藏菩薩言：「大士，是南閻浮提眾生，命終之後，小大眷屬❸為修功德，乃至設齋，造眾善因，是命終人得大利益及解脫不？」地藏答言：「我今為未來現在一切眾生，承佛威力，略說是事。長者，未來現在諸眾生等，臨命終日，得聞一佛名，一菩薩名，一辟支佛名，不問有罪無罪，悉得解脫。若有男子女人，在生不修善因，多造眾罪，命終之後，眷屬小大為造福利，一切聖事，七分之中，而乃獲一，六分功德，生者自利。以是之故，未來現在善男女等，聞健自修，分分己獲，無常❹大鬼，不期而到，冥冥遊神，未知罪福。七七日內，如癡如聾，或在諸司❺，辯論業果，審定之後，據業受生，未測❻之間，千萬愁苦，何況墮於諸惡趣等。是命終人未得受生，在七七日內，念念之間，望諸骨肉眷屬與造福力救拔。過是日後，隨業受報。若是罪人，動經千百歲中，無解脫日；若是五無間罪，墮大地獄，千劫萬劫，永受眾苦。」

【章　旨】地藏菩薩回答生者如何為死者修福，以及這福分如何分配的事情，以鼓勵生者應多做善事，積累福分，死後應讓他們親屬幫忙修善，以從罪業中解脫。

【注　釋】❶大辯　善於辯論，即問答辯論駁沒有阻礙。❷無生　乃佛教中「無生法」，認為世界一切現象無生無滅。無生無滅，等同涅槃之境。❸小大眷屬　親屬，大人給小人做功德，是大眷屬，小人給大人做功德，是小眷屬。❹無常　梵名薩迦耶薩，認為世間所有一切，都由因緣結合，他們旋生旋滅，剎那不住，謂之無常。❺諸司　陰司的判官。❻未測　未確定。

【語　譯】地藏菩薩在說這話的時候，集會中有一名叫大辯菩薩的長者。他在很久以前已證得不生不滅的法度，為了化解罪業，度盡眾生，常顯現長者的身形。這時，他合掌恭敬地問地藏菩薩：「大士，在這閻浮提世中的眾生，命終死亡後，他的大小親屬為他修功德，甚至於設齋供養，那麼，這命死之人就能夠得到大的功德以及獲得解脫嗎？」地藏回答說：「長者，我今天就承蒙佛的威力，為未來和現在世的一切眾生，簡略地說說你問的這件事。長者，未來世和現在世的一切眾生，在他們命終之後，能夠聽到一聲佛號，或一菩薩的名號，一辟支佛的名號，不管他有罪沒罪，都能夠從他們的罪業中解脫。如果那些男人、女人，活著的時候沒有修習善的因緣，而造了許多罪因，生命終了之後，他的大小家屬替他修福行善，做一切有利功德的善事，這七分利益中，死者就能夠獲得一分，其餘六分功德，做善事的生者可以得到。因為這個緣故，未來世和現在世中的善男善女，趁著自己身體健康的時候，自己修習功德，多做善事，這種修善所帶來的利益，生者每一分都能夠親自獲得。那無常大鬼，不用約期而突然到來，在幽暗的陰司遊蕩的人，他們自己不知道是禍是福，在七七四十九天之內，如同癡呆和聾子，或者在陰司和判官辯駁生前所造的業力果報。經過審定之後，依據所造的業果去投生。在沒有確定審定結果的時候，就已經經受了千萬種憂愁痛苦，更何況是墮入到各種惡道中去受苦呢？所以這命終之人還沒有獲得投生的因緣果報，在死後七七四十九天之內，每種思想每種念頭之間，都盼望著自己的骨肉親屬，能夠替他們修福行善，以幫助他們從罪業中解脫出來。如果超過了這些日子，就根據他們生前所造的罪業來接受報應，如果生前造惡的人，一旦動了這惡報之刑，則以後的千百年的歲月中，都不會有獲得解脫的一天，如果是犯了五無間的大罪，要墮入大地獄受苦。那他要經受千劫苦萬劫難，並且永遠經受各種各樣的痛苦折磨。」

復次長者：「如是罪業眾生，命終之後，眷屬骨肉為修營齋，資助業道，未齋食竟，及營齋之次，米泔菜葉，不棄於地，乃至諸食未獻佛僧，勿得先食；如有違食，及不精勤，是命終人了不得力；如精勤護淨，奉獻佛僧，是命終人七分獲一。是故長者，閻浮眾生若能為其父母，乃至眷屬，命終之後，設齋供養，志心勤懇❶，如是之人，存亡獲利。」

說是語時，忉利天宮有千萬億那由他閻浮鬼神，悉發無量菩提之心❷。大辯長者作禮而退。

【章　旨】地藏菩薩向大辯長者講述減輕深重罪惡的諸種善途，如不棄米泔、菜葉於地等；就在地藏菩薩講述過程中，忉利天宮的無數鬼神都因啟發、感動而萌生了無數的菩提智慧。

【注　釋】❶志心勤懇　精心勤勞護理。心誠才能行勤，行勤才能感動諸菩薩。❷菩提之心　梵語badhi-citta，指佛心，菩提智慧，能使人開悟體佛道。

【語　譯】地藏菩薩又對大辯長者說：「像這種已造罪業的眾生，命終之後，他們的骨肉親屬為他們修福設齋供佛，以幫助他們減輕罪業，免受惡道的苦痛。但在齋食還沒有完畢以及準備齋食的時候，泔米和菜葉等東西都不能拋於地上，甚至齋戒的各種食物還沒有獻過佛與僧之時，都不能夠自己先吃。如果違背了上面所說的規矩而自己先吃，以及修福不精心勤懇，那這命終之人，得不到一分功德，如果精心勤懇地供養佛並且護法細心，齋食乾淨，那麼命終之人，七分利益可以獲得一分。所以長者，閻浮提世中的眾生，如果能夠為他們的父母以至家屬，在他們死後，設齋立堂，辦理齋食以供養眾佛及菩薩，並且精心誠意勤勞護理眾佛和菩薩，這樣的人，他們所修的功德，無論是活著的還是已死的人，都能夠獲得利益。」地藏菩薩說著這些的時候，忉利天宮有千萬億數的閻浮提世中的鬼神，在瞬間都萌發了無數量計的菩薩心，大辯長者便作禮退回了原位。

【說　明】本品主要講述造惡眾生如何避免在死後遭受更多更深的痛苦。對讀者朋友而言，我以為值得提供共享的有這麼幾點：第一，善行或惡行的報應具有生態性特徵。佛教認為，如果在世的親屬為逝去的親人修功德，那麼不僅逝去的人因此而得到解脫，減輕或取消罪業，就是在世修功德的人也會獲得發財、平安、長壽等利益。相反，如果在世的親人不僅不修功德，反而對佛加以誹謗，輕視佛法、汙辱僧眾，那麼，逝去的親人便會將已經步履艱難的人再給予他負擔一樣，使他永遠得不到解脫，反而遭受更重的罪苦，而在世者也必遭到惡報。因而，對於今天的人來講，行善總是益於行惡的，行善是可以使自己獲得更大利益的。其次，佛教提倡的修功德，是具體、實在、細小的，也就是說，佛教要求你修功德就是在佛像前懸掛幢幡、寶蓋、帳幕，就是要吃齋時不要將洗來的水、菜葉等拋在地上等等。可見，佛教的教化反對空洞的說教，強調實在的、具體的行，哪怕是一根毫毛、一滴水、一點微塵般善事，只要去做，就獲得善報。這就極大地鼓舞了人們（信眾）做善事的熱情。我們今天的教育，一方面過分崇尚遠大而空洞的理想，疏於實事之教，另一方面又喜歡在理論上空談，缺乏實行的行為。《地藏菩薩本願經》中所顯示的如此教化理念很值得學習。其三，對現代人而言，習佛、把握佛教之精義，方可獲得生死的圓滿。世間萬法變幻無常，人作為萬法中的一物，也是有生有滅的，如何使自己的生和死都獲得一分圓滿？如何讓自己有意識地覺察菩提心？活著的人由於肉眼凡胎，無法根知自己所造的惡業，無法預知自己死後所應承受的果報，他們在生前，依據自身感覺意識去追求一種外在於自身的巨大震撼力，獲得當下的滿足，卻沒想到這種短暫易逝的滿足，是以別的生靈的失去為前提的，是會給自己的未來世帶來因果報應、業報積累的。所以，眾生如果在生前沒有意識到自己正走在惡道上，不能斂收物欲，排除外在欲望控制，如果他不能清心寡欲，尋求佛與菩薩的因緣救助，那他必然要陷入五欲的追求中而不得自拔，最終要墮入惡道輪迴。所以生者應多修福，行善，要通過自己的善行，為自己以及死去的親人，解除惡業糾纏。但這種行善是要誠心誠意、持之以恆的，不能因為短時間內無利益而放棄，也不能是形式上的供佛養僧，做給菩薩及眾生看，而應是心誠意至的，因為只有心誠意至，才能言行一致，才能符合自己本性，從根本上根除惡習，走向正道，所以應該要正心、正知、正見，不能因為外在風吹草動則心隨鏡轉，這樣很容易墮入魔道，修心和修行是鳥之雙翼，車之雙輪，同等重要。

閻羅王眾讚歎品第八

【題解】本品講述閻羅王和眾鬼神借助於佛和地藏菩薩的威神以及佛光，來到忉利山參加佛主召集的大會，他們自述其利益眾生的誓願以及所作的努力，但是由於眾生普度不盡或頑固不化，使鬼神只能用一些兇惡的形象來展現其慈悲心，以達到普度的目的。眾鬼神都分有地藏菩薩的慈悲誓願，分行布影，化身到六道之中去，宣講布傳善的知識，佛的靈光，為眾生行種種方便，引導規勸一切眾生棄惡從善，追求至樂，同證佛果。他們的一切知識，行為，都直接或間接地來源於地藏菩薩的因緣救助和慈悲心腸，因此，閻羅王及眾鬼神對地藏菩薩充滿感激，讚歎不已。

爾時鐵圍山內，有無量鬼王與閻羅天子❶俱詣忉利，來到佛所。所謂惡毒鬼王❷、多惡鬼王、大諍❸鬼王、白虎鬼王、血虎鬼王、赤虎鬼王、散殃鬼王❹、飛身鬼王、電光鬼王、狼牙鬼王、千眼鬼王、啖獸鬼王、負石鬼王、主耗鬼王、主禍鬼王、主食鬼王、主財鬼王、主畜鬼王、主禽鬼王、主獸鬼王、主魅鬼王、主產鬼王、主命鬼王、主疾鬼王、主險鬼王、三目鬼王、四目鬼王、五目鬼王、祁利失王、大祁利失王❺、祁利叉王、大祁利叉王、阿那吒王、大阿那吒王，如是等大鬼王，各與千百小鬼王盡居閻浮提，各有所執，各有所主，是諸鬼王與閻羅天子，承佛威神及地藏菩薩摩訶薩力，俱詣忉利，在一面立。

【章　旨】閻羅天子以及各種鬼神借助佛及地藏菩薩的威神也來到忉利天，參加佛法集會。

【注　釋】❶閻羅天子　梵文yamaraja，也叫閻羅王，是冥界的王，他統攝眾多鬼王。❷惡毒鬼王　以惡毒方法制服作惡眾生的鬼王，即以惡攻惡，此鬼王外現忿怒的惡相，內起慈悲善念，幫助眾生化惡為善。❸諍　諍訟；爭辯。❹散殃鬼王　散布禍殃災晦的鬼王，他專找那不敬天地父母、不敬師長的家庭散布不和因子，以使他們棄惡從善。❺祁利失王　因貪財而失去，得不到福利。

【語　譯】這時，在鐵圍山裏面，有無數多的鬼王，跟隨閻羅天子一起來到忉利天中——佛宣講佛法的道場，拜見佛主。這些鬼王分別是：以惡毒辦法制服惡毒眾生的惡毒鬼王；用許多殘暴的辦法制服作惡者、但心地善良的多惡鬼王；用大諍的方法去化解鬥爭、從而使人和睦相處的大諍鬼王；白虎鬼王、血虎鬼王、赤虎鬼王，都是人身虎頭的兇猛鬼王，他們因顏色不同而異名；用在作惡者家中散以災禍的辦法懲罰之以逼其改邪歸正的散殃鬼王，吃人面相兇暴醜惡、行蹤神秘難測如夜叉的飛身鬼王，眼如電光能明察人間一切善惡給人吉凶的電光鬼王，牙尖露出口外的狼牙鬼王，眼力如千手千眼的觀音大士以見機利人的千眼鬼王，能輕而易舉地將兇殘野獸吃下的啖獸鬼王，吃苦耐勞負石擔沙以塞海添河造福於人的負石鬼王，使行善者家道豐盈而行惡者家道破落的主耗鬼王，使行善者頻受吉利而行惡者頻遭禍患的主禍鬼王，使行善者豐衣足食而行惡者露宿街頭的主食鬼王，使行善者獲得充盈財物而行惡者傾家蕩產的主財鬼王，使行善者家畜興旺而行惡者家畜滅絕的主畜鬼王，使行善者家禽成群而行惡者家禽凋零的主禽鬼王，使行善者不遭百首傷害而行惡者永為百獸侵犯的主獸鬼王，使行善者免遭鬼怪驚嚇而行惡者常受鬼怪侵擾的主魅鬼王，使行善者順利投胎或產子而行惡者既難投胎又難產子的主產鬼王，使行善者命運亨順而行惡者命運乖舛的主命鬼王，使行善者無疾病之憂而行惡者百病纏身的主疾鬼王，使行善者化險為夷而行惡者險境叢生的主險鬼王，兩眼之間還嵌有一眼的三目鬼王，額頭並排長著四個眼睛的四目鬼王，在額頭上四隻眼睛中間還嵌有一眼的五目鬼王，使那些有功德的人獲得財利而貪財的人失去了財利的祁利失王，使那些有大功德的人獲得大財利而貪得無厭的人喪失其所有財利的大祁利失王，為那些因有功德而獲得財利而叉手慶賀的祁利叉王，為那些因有大功德而獲得大財利的而叉手慶賀的大祁利叉王，能輔助天行、或扶眾生上天的阿那吒王和大阿那吒王等等。像這類大鬼王，都和千百數的小鬼王一起居住在世間，他們各有執管的地方，各有執管的事情，他們與閻羅王一樣，仰承佛的威神以及地藏菩薩的福力，一起來到忉利天宮拜見佛主，他們都畢恭畢敬地站在一邊。

爾時閻羅天子胡跪合掌，白佛言：「世尊，我等今者與諸鬼王承佛威神，及地藏菩薩摩訶薩力，方得詣此忉利大會，亦是我等獲善利故。我今有小疑事，敢問世尊，唯願世尊慈悲宣說。」佛告閻羅天子：「恣汝所問，吾為汝說。」是時閻羅天子瞻禮世尊，及回視地藏菩薩，而白佛言：「世尊，我觀地藏菩薩在六道中，百千方便，而度罪苦眾生，不辭疲倦，是大菩薩有如是不可思議神通之事，然諸眾生脫獲罪報，未久之間，又墮惡道。世尊，是地藏菩薩既有如是不可思議神力，云何眾生而不依止善道，永取解脫？惟願世尊為我解說。」

【章　旨】閻羅王希望佛解說為何地藏菩薩具有這麼大神力，眾生卻不能永久歸依善道，獲得永久解脫。

【語　譯】這時，閻羅天子右膝跪地，雙手合掌對佛說：「世尊，我現在和各位鬼王，仰承佛的威神，以及地藏菩薩的福力，才能夠到忉利天宮參加這個大會，拜見佛主，這也是因為我們獲得善緣利益的緣故，我今天有一個小小的疑問，斗膽請教世尊，希望世尊大發慈悲，為我們宣講解答。」

佛告訴閻羅天子：「隨便你問就是了，我來給你解說。」此時，閻羅天子瞻仰禮拜世尊佛，然後回頭看著地藏菩薩，再對佛說：「世尊，我看地藏菩薩在六道輪迴之中，不知疲倦地用千百種方便來度救罪惡痛苦的眾生，這大菩薩具有如此這般不可思議的神通之力，然而，眾生雖然獲救脫離罪業果報、免受惡報，但時間不久，又再次作惡而墮入惡道。世尊，這地藏菩薩既然具有如此不可思議的神通之力，為何眾生不肯歸依善道，而獲得永久的解脫呢？希望世尊為我等解說解說。」

佛告閻羅天子：「南閻浮提眾生，其性剛強，難調難伏，是大菩薩於百千劫，頭頭救拔，如是眾生，早令解脫。是罪報人，乃至墮大惡趣，菩薩以方便力，拔出根本業緣❶，而遣悟宿世❷之事。自是閻浮眾生，結惡習重，旋出旋入，勞斯菩薩，久經劫數，而作度脫。譬如有人迷失本家，誤入險道，其險道中，多諸夜叉及虎狼師子，蚖蛇蝮蠍，如是迷人在險道中，須臾之間，即遭諸毒。有一知識，多解大術❸，善禁是毒，乃及夜叉，諸惡毒等。忽逢迷人，欲進險道，而語之言：『咄哉！男子，為何事故，而入此路？有何異術，能制諸毒？』是迷路人忽聞是語，方知險道，即便退步，求出此路。是善知識提攜接手，引出險道，免諸惡毒，至於好道，令得安樂，而語之言：『咄哉！迷人，自今已後，勿履是道。此路入者，卒難得出，復損性命。』是迷路人，亦生感重。臨別之時，知識❹又言：『若見親知❺及諸路人，若男若女，言於此路多諸惡毒，喪失性命，無令是眾，自取其死。』是故地藏菩薩具大慈悲，救拔罪苦眾生，生人天中，令受妙樂。是諸罪眾，知業道苦，脫得出離，永不再歷，如迷路人誤入險道，遇善知識引接令出，永不復入；逢見他人，復勸莫入。自言❻因是迷故，得解脫竟，更不復入。若再履踐，猶尚迷誤，不覺舊曾所落險道，或致失命，如墮惡趣。地藏菩薩方便力故，使令解脫，生人天中，旋又再入，若業結重，永處地獄，無解脫時。」

【章旨】佛向閻羅天子講述為何地藏菩薩憑著他的不倦的神力，慈悲的心腸來救拔眾生，卻還有眾生未能解脫的原因，從而告誡眾生要棄除頑固惡性，發覺本性，皈依佛法，遠離惡業，從而永遠地脫離險道，獲得解脫。

【注釋】❶根本業緣　即造惡的種子，做惡事的根本原因，一切諸惡以貪、愛立根本，貪、愛同樹根一樣，貪、愛之根不除，貪念愛念滋生，業障惡習也隨之出現。❷宿世　指自己的前生，前世，舊世之意。❸大術　高明的法術、極大法力或善於治物的方法。❹知識　善於勸導眾生改惡向善的大德高僧。❺親知　親戚或相知的朋友。❻自言　自然。

【語　譯】佛對閻羅天子說：「南閻浮提世中的眾生，他們生性頑劣剛強，很難調伏教化，因此這位大菩薩在成百上千的劫難中，一個個地去救拔這些做惡的眾生，以使他們能夠早日得到解脫。而那些已受罪業果報、甚至是已墮入大地獄大惡道受苦的人，地藏菩薩用自己的慈悲威神，給他們提供方便，棄除他們的根本罪業，讓他們覺悟前世所造的罪惡之事。但是，由於閻浮提世中的眾生習慣了做惡業，並已犯下了許多重罪，他們一會兒旋轉出惡道，一會兒又旋進惡道，辛苦了這位菩薩，長期經受劫數，以專門來解脫眾生罪業，救度眾生脫離惡道。就好比有人迷失了回家的路，而誤入凶險的路中，有許多夜叉以及老虎、狼、獅子等猛獸，蚖蛇，蝮蛇，毒蠍等毒物，這樣，這個迷路的人在這凶險的路途中，在片刻之間都有可能遭到種種毒物的傷害。正在這時，有一位具有大德行，善於教導人的大善識，他瞭解許多高明的法術，善於制伏這些毒物以及夜叉一類惡毒害命的東西。他忽然碰到了這位迷路的人，正想要進入到這條凶險的路途中去，就連忙告訴他：『喂！糊塗的人，你為了什麼原因而要進入到這條凶險的路裏呢？你有什麼特殊的法術本領能夠制伏各種毒物？』這迷路的人聽到這些話，才知道這是條凶險的路，便立即停止前進而後退，尋找這條路的出口以離開。這位大善知識拉著他的手引導他到達平坦安全的道路上，並使他得到安穩和快樂。並且告訴他說：『喂！迷路的人，從現在開始，切勿再踏進這條路，進入這條路的人，最終是很難走出來的，甚至會丟掉自己的性命。』這迷路人聽了他的話，十分感激，並十分尊重他。在臨近分別的時候，這位善知識又對他說：『如果碰見親屬或認識的朋友或其他行路的人，無論是男是女，告訴他們這條路到處都是毒物惡獸，人走進去就會喪失性命，告訴他們，不要讓他們自投羅網，白白丟失性命。』正因為這個緣故，地藏菩薩懷有大慈悲心，一心救贖拔度罪業深重、經受苦難折磨的眾生，使他們往生到人間或天上，讓他們享受到美妙與快樂。讓這些受苦的眾生知道業報輪迴墮入惡道的苦痛，而尋求解脫逃離這種痛苦，一旦解脫，將永遠不會再墮入惡道，經受苦痛，正如這迷路的人誤入凶險道路，遇到大德大悲之人警告引導，並將他帶離險道一樣，他將永遠不會再次進入險道；碰見他人進入，也會勸阻他不要進去。這自然是因為他曾經迷路，得到大慈大悲之人指引而最終獲得解脫的緣故，他不會再次涉足險道。如果他再次進入險道，而且執迷不悟，沒有發覺這是以前所曾經進入過的凶險道路，那麼，他或許會喪失生命，或者會墮入惡道。雖然地藏菩薩用他的慈悲威神向眾生行方便，使眾生得到解脫，投生到人間或天上，但由於本性不純，又再次造惡業，如果所造各種惡業十分嚴重，他將永遠的墮入地獄，再也沒有解脫的機會。」

爾時惡毒鬼王合掌恭敬，白佛言：「世尊，我等諸鬼王其數無量，在閻浮提，或利益人，或損害人，各各不同。然是業報，使我眷屬遊行世界，多惡少善，過人家庭，或城邑聚落，莊園房舍，或有男子女人，修毛髮善事，乃至懸一幡一蓋，少香少華，供養佛像及菩薩像，或轉讀尊經，燒香供養，一句一偈，我等鬼王，敬禮是人。如過去現在未來諸佛❶，敕諸小鬼，各有大力及土地分，便令衛護，不令惡事橫事、惡病橫病，乃至不如意事，近於此舍等處，何況入門。」

【章　旨】惡毒鬼王講述眾鬼神在塵世護善懲惡，救贖眾生之事，以及由此來自我修行。

【注　釋】❶過去現在未來諸佛　廣義上指古往今來的一切佛。具體地說，過去佛為釋迦牟尼以前的燃燈佛；現在佛指釋迦牟尼佛；未來佛指至今尚未出世的彌勒佛。這裏指古往今來的一切佛。

【語　譯】這時，惡毒鬼王雙手合掌，恭敬的對佛說：「世尊，我們這些鬼王，數目多得無法計算，在閻浮提世中，有的做有利於人的事，有的做損害人的事，所做的事情各不同。雖然如此，但最終都是根據眾生所承受的業報，來指派我們的親屬到世界各地去巡查，而巡查的結果發現，世間眾生為惡的多，為善的少，這些巡查的鬼王，經過世人的家庭，或者城邑、部落、莊園、房舍，如果看見有善男善女做了像毛髮一般微小的善事，甚至是懸掛了一幡或一寶蓋，或者用少量的香火鮮花來供養佛像以及菩薩形象，或者轉誦宣讀佛經，燒香供養一句一偈的經文，我們這些鬼王都會敬重禮拜他們。就像敬重禮拜過去、現在、未來一切諸佛一樣，督促敕令具有很大力量的小鬼以及土地神，讓他們保衛護佑這些人，不讓凶災橫禍、惡病瘟疫乃至於不如意的事情接近這些人的房舍，更何況是進入他們的房門呢。」

佛讚鬼王：「善哉善哉，汝等及與閻羅能如是擁護善男女等，吾亦告梵王帝釋，令衛護汝。」說是語時，會中有一鬼王，名曰主命，白佛言：「世尊，我本業緣，主閻浮人命，生時死時，我皆主之。在我本願，甚欲利益，自是眾生不會我意，致令生死俱不得安。何以故？是閻浮提人初生之時，不問男女，或欲生時，但作善事，增益舍宅，自令土地❶，無量歡喜，擁護子母，得大安樂，利益眷屬。或已生下，慎勿殺害，取諸鮮味，供給產母，及廣聚眷屬，飲酒食肉，歌樂弦管，能令子母不得安樂。何以故？是產難時，有無數惡鬼魍魎精魅❷，欲食腥血。是我早令舍宅土地靈祇，荷護子母，使令安樂，而得利益。如是之人，見安樂故，便合設福，答諸土地；翻為殺害，聚集眷屬，以是之故，犯殃自受，子母俱損。

【章　旨】主命鬼王講述世間眾生通過自己修善棄惡，能得到福分，改變自己的命運，特別是親生兒和產婦通過自己信佛或禮拜供養佛而得到保護，但如果做惡就會得到惡報，不得安樂。

【注　釋】❶土地　指土地神。古代神話中管理一小地面的神，古稱「社神」。❷魍魎精魅　無數小鬼，精怪，妖魅。

【語　譯】佛聽完惡毒鬼王的話後，連聲稱讚：「很好啊，很好啊！你們和閻羅天子能夠這樣盡心地護衛善男善女，我也要告訴梵王和帝釋，叫他們也來保護你們。」佛說這話的時候，集會中有一鬼王，名叫主命鬼王。他對佛說：「世尊，我根據世人自己造的業緣，來主管世間眾生的命運，他們生的時間和死的時間，我都主管著。依我的本來心願，是很想多多給予眾生方便和好處，但是眾生都不能領受我的好意，結果使活著的和死去的都得不到安寧。為什麼呢？這是因為世間的眾生剛開始生下來的時候，或者是即將出生的時候，無論是男還是女，都能做一些善事，這使得土地神感到無比的歡欣快樂，保護他們母子二人，使他們獲得極大的安穩和快樂，使他們家屬獲得利益。如果已經把小孩生下來了，就要十分謹慎，小心切勿殺害生靈，取各種生靈生命以換來鮮味供給產婦吃，以及大量邀請親屬相聚，喝酒吃肉，歌舞彈奏，這樣，會使小孩和母親兩個都不得安寧和快樂。為什麼呢？這是因為生小孩的艱難時間裏，有無數量的惡鬼以及魍魎魑魅、精怪、妖魔，都想要吸食腥血。但我命令宅舍土地神以及一些力量大的小鬼來保他們平安快樂，得到利益。像這樣的人，因為他們得到平安快樂的緣故，就應該修福修善，答謝土地神的保護；然而，相反地，他們做出許多殺害生靈的事，或者聚集親屬縱情作樂，因為這個緣故，他們自己所犯下的禍殃，應自己來承受，母子兩人都將受到損害。

「又閻浮提臨命終人，不問善惡，我欲令是命終之人，不落惡道。何況自修善根，增我力故。是閻浮提行善之人臨命終時，亦有百千惡道鬼神，或變作父母，乃至諸眷屬，引接亡人，令落惡道，何況本造惡者。世尊，如是閻浮提男子女人，臨命終時，神識惽昧，不辯善惡，乃至眼耳，更無見聞。是諸眷屬，當須設大供養，轉讀尊經，念佛菩薩名號。如是善緣，能令亡者離諸惡道，諸魔鬼神，悉皆退散。世尊，一切眾生，臨命終時，若得聞一佛名，一菩薩名，或大乘經典❶，一句一偈，我觀如是輩人，除五無間殺害之罪，小小惡業，合墮惡趣者，尋即解脫。」

【章 旨】主命鬼王講述將死之人的業報情況，如果他自己作善，再加上主命鬼王的慈悲，則不會墮入地獄惡道；如果自己作惡，再加上惡道中的鬼神的引誘，將墮入惡。因此，在人將死時，親屬可以為他集功德，助他解脫。

【注　釋】❶大乘經典　即佛教經典。佛教分為大乘和小乘兩派，大乘重視利他，即利益眾生，解脫大眾，認為度人猶如用船載人，一次能度盡無數，使他們獲得解脫，同證真如佛界。小乘重視自身的解脫。

【語　譯】「再者，在閻浮提世中的將死的人，不管他是行善是行惡，我都想使這臨死之人不要墮入到惡道。更何況是他自己在世時就已修習善根做善事，這更增加了我幫助他們解脫的誓力的力量。這些在世間世中行善的人，臨死時，還有成百上千的惡道中的鬼神，或變成他們的父母，或變成他們的親屬，來引誘接引這將死之人，使他們墮入到惡道受苦，更何況是那些在世時自己本來就造惡業的人。世尊，像這些世間的男男女女，在將死之時，神智已昏暗不清，無法分辨善惡，以至於眼不能看見，耳不能聽到。這時，這些臨死之人的家屬應當替他們設立大範圍的供養，轉誦宣讀《地藏菩薩本願經》，念誦佛和地藏菩薩的名號。如果做這樣的大善事，有這些善緣，則能使死者脫離各種惡道，那許多的妖魔鬼怪，也都會退而散去，不再出現並糾纏他們。世尊，一切眾生臨死之際，如果能夠聽到一個佛的名號或者一個菩薩名號，或者聽到大乘經典中的一句話、一句偈語，我看像這樣的人，除了犯有墮入五無間地獄的大罪、或殺害生靈大罪的人應遭到墮入地獄的報應外，至於那些犯有小小惡業的人，雖然本來亦應當墮入地獄，他們也能因為他的善緣而頃刻獲得解脫。」

佛告主命鬼王：「汝大慈故，能發如是大願，於生死中護諸眾生。若未來世中，有男子女人，至生死時，汝莫退是願，總令解脫，永得安樂。」鬼王白佛言：「願不有慮，我畢是形，念念擁護閻浮眾生，生時死時，俱得安樂。但願諸眾生，信受我語，無不解脫獲大利益。」

【章　旨】佛讚歎主命鬼王的大慈悲，並鼓勵他再接再厲；主命鬼王再次表明自己堅持誓願的決心。

【語　譯】佛告訴主命鬼王說：「你具有這樣大的慈悲，發這樣大的誓願，在眾生的生死苦海中，能保護這世上的所有眾生。如果在未來世中，有男子或女人出生或死亡的時候，你千萬不要收回你的誓願，退失你的願力，總是要盡力讓他們獲得解脫，永遠得到安穩快樂。」主命鬼王對佛說：「請世尊不必為這件事擔憂，我將盡我這一生的生命，在每個念頭、每個思維中都時刻保護著世間的眾生，讓他們在出生和死亡的時候，都能夠得到安穩和快樂。只是希望諸多的世間的眾生，在出生和死亡時，都能夠相信和接受我講的這些話，那麼，將沒有一個不能獲得解脫的，沒有一個不能獲得大功德、大利益的。」

爾時佛告地藏菩薩：「是大鬼王主命者，已曾經百千生，作大鬼王，於生死中，擁護眾生，是大士慈悲願故，現大鬼身，實非鬼也。卻後過一百七十劫，當得成佛，號曰無相❶如來，劫名安樂，世界名淨住，其佛壽命，不可計劫。地藏，是大鬼王其事如是，不可思議，所度天人，亦不可限量。」

【章　旨】佛宣講主命菩薩最終將獲得正果而成佛，指所有眾生只要行善，心懷大慈悲，終將獲得大功德。

【注　釋】❶無相　即無形相之意。佛本無相，就是無相本身也是沒有的。相相都無，無一物可得，空無一物，借指主命鬼王使眾生在任意一處，都得安樂。

【語　譯】這時，佛告訴地藏菩薩說：「這位主命鬼王，已經歷經千百生作大鬼王，並且一直都是當大鬼王，他在出生和死亡之時，保護眾生，因為這位大士具有慈悲心，發了要行慈悲的大願的緣故，才化現出這鬼王的形相，其實他並不是鬼。從現在開始再經歷一百七十劫，他自然就能成佛，佛號叫無相如來，成佛的劫名叫安樂劫，他所修成作佛的世界叫淨住，這個佛的壽命很長，不可用劫來計量。地藏，這位大鬼王所做的事情這般的不可思議，他所救拔度脫到天道和人道中去的眾生，也是多得不可計量的。」

【說　明】本品主要講述地藏菩薩度脫眾生時所遇到的種種問題。其中有一個核心問題是，佛在回答閻羅天子提到，地藏菩薩花那麼大威力，用那麼多時間去度脫眾生，仍然有人墮入惡道之原因，就是因為主體自身的問題。這就是告訴眾生，如果真希望得到佛的救贖，不能僅僅把希望寄託在地藏的願力上，還應以「心」去接受地藏菩薩的願力，即是說，被救贖的眾生應有積極主動的作為與地藏的願力相配合，而不是相反。孔子曰：「為仁由己，而由人哉？」亦此意矣！其次，地藏菩薩可以分身為不同的鬼王以更充分的落實他的願力。對於分身，有人理解為神奇，很是羨慕，如孫悟空的七十二變。但從俗世的角度看，分身顯然不是一件快樂的事，因為這意味著要承受肉體的痛苦。所以，地藏分身實在是一種「利他」的行為，一種奉獻的精神。當今世道，不可說沒有「利他」的精神，但與「利己」的行為相比，則要暗淡許多。其三，「以惡治惡」是一使眾生通向善的一種重要方法。佛教講因果報應，三世輪迴，講「若知前世因，今生受者是，若知未來果，今生作者是」，通過自己今生的果報以及今生的所作所為，就能洞察三世的情形，但世間眾生都是凡胎，多被世俗所遮蔽，無法直達佛心，而形成各種雜念、歪念甚至是惡念，正如迷路人一樣，他或者是執迷於歧途而不知悔改，或者是無法知道這是條歧途，又得不到正確的引導，這樣，他就越陷越深。一般認為，鬼神形相醜惡，無惡不作，是大兇大惡之輩，凡人應該遠離他們，以免遭受其毒害。怎樣從這種思想中解脫出來並且形成正確的認識呢？其實，鬼神所作的事，都是由人自身罪業所感召來的，鬼神最初懷有慈悲心，希望能救贖眾生，但眾生多已迷失本性，不斷造惡。為了使眾生遠離惡道，就需採取以惡治惡、以毒攻毒的方法，通過警告、威脅，甚至於讓眾生受苦的手段來幫助眾生覺悟正道。但眾生只看到他們所採取的形式而不能直指其本意。其實說到底，眾生會遇見哪種鬼神以及遭受哪種痛苦，都是由他們自身業力所為，通過誠心修佛，不僅可以脫離鬼神的糾纏，而且能夠得到他們的保護。最後，生死問題是塵世眾生關注的焦點之一，人們有懼死而望生的本性，於是通過各種行為來尋求自己及家人的長壽，殊不知，有時物極必反，特別是用一些不符合規矩的行為來求生時，不但不能加壽，反而會加重罪業。因此對於死應超脫，應用平常心對待，不要癡心妄想以求生逃死，更不要用妄業來增加果報的罪業，應消除心中妄想，以達到超脫輪迴。其實，真如就在於超脫心中各種謬誤的幻想，達到心無所繫，心無所懼，則能在今世洞徹生死，而達到涅槃，洞察真如佛性，以獲得安樂境界。

稱佛名號品第九

【題　解】本品介紹稱頌佛號所能獲得的福利。地藏菩薩發了救度眾生的大誓願，眾生通過念佛能直接與地藏菩薩接上因緣關係，通過念佛，借助地藏菩薩大願力，來獲得自身利益，得到因緣解脫。但念佛具有特定的含義，不同的佛也具有不同的功效，修習的方法也各不相同。念佛最主要的在於心誠，不帶有任何雜念、貪心；同時念佛具有多種途徑，可以自己念，也可以請人代念，也可以為自己念，或為死去的親人念誦佛號，以獲得功德。本品就是通過地藏菩薩介紹眾佛的名號及其功德，以指導世間眾生棄除怪誕思想，獲得念佛的真實利益和真實功德。

爾時地藏菩薩摩訶薩白佛言：「世尊，我今為未來眾生演利益事，於生死中得大利益，唯願世尊聽我說之。」佛告地藏菩薩：「汝今欲興慈悲，救拔一切罪苦六道眾生，演不思議事，今正是時，唯當速說。吾即涅槃，使汝早畢是願，吾亦無憂現在未來一切眾生。」

【章　旨】地藏菩薩向佛講述解脫眾生苦痛，利益眾生之事，希望眾生能依照自己所述獲得因緣，以解脫苦難。

【語　譯】這時，地藏菩薩對佛說：「世尊，我現在為未來世中的眾生演說我如何給他們帶來利益的事，讓他們在生死中間都能夠得到很大的功德利益，希望世尊能聽我說說這些。」佛告訴地藏菩薩：「你現在想發起你的慈悲心，行慈悲願以救助拔度一切在六道中輪迴受苦受罪的眾生，並演示那不可思議的方便法門，現在正是這個時候，希望你儘快說出。我即將要圓寂了，如果能夠幫助你，使你早日實現你的誓願，我也就不用擔憂現在世和未來世的一切眾生了。」

地藏菩薩白佛言：「世尊，過去無量阿僧祇劫，有佛出世，號無邊身❶如來，若有男子女人，聞是佛名，暫生恭敬，即得超越四十劫生死重罪，何況塑畫形像，供養讚歎？其人獲福無量無邊。又於過去恆河沙劫，有佛出世，號寶性❷如來，若有男子女人，聞是佛名，一彈指頃❸，發心歸依，是人於無上道❹永不退轉。又於過去，有佛出世，號波頭摩勝❺如來，若有男子女人，聞是佛名，歷於耳根，是人當得千返生於六欲天❻中，何況志心稱念？又於過去不可說不可說阿僧祇劫，有佛出世，號師子吼如來❼，若有男子女人，聞是佛名，一念歸依，是人得遇無量諸佛摩頂授記。

【章　旨】地藏菩薩講述自己親自見到的過去佛，他們經過無數劫難，修習無量福德，所以眾生只要一聽到佛號或者用香花供養，或一念歸依，這些眾生就將獲得佛的功德。

【注　釋】❶無邊身　佛的身形無邊無際，也指佛隨機應變的應身。❷寶性　即像珍寶一樣的本性，既指這種本性十分珍貴，又指這種本性十分堅固，不易動搖，永不退轉。寶，珍寶。性，本性。❸一彈指頃　指轉瞬的時間。❹無上道　無上的佛道，即沒有比這更大的正等正覺。❺波頭摩勝　中文譯為「紅蓮花」。蓮花顏色眾多，其中以紅為最好，佛法和蓮花一樣，可以出淤泥而不染。❻六欲天　指欲界的六重天，即四大天王、忉利天、夜摩天、兜率天、樂變化天、他化自在天。❼師子吼如來　即這如來已得正果，獲得正等正覺，所以對眾生說法時，法音大震，像獅子吼叫一般，以震醒眾生的迷悟，獲得正知。

【語　譯】地藏菩薩對佛說：「世尊，在過去無量數的阿僧祇劫中，有一位佛出世，佛號叫做無邊身如來，如果有世間男男女女，聽到這位佛的佛號，並且片刻間產生恭敬之心，就能夠超脫四十劫的生死重罪，更何況是塑造、繪畫這位佛的形像，供養和讚歎佛的功德呢？這樣的人將會獲得無量無邊的福報；又在過去像恆河沙一樣多的數目的劫數以前，有一位佛出世，佛號叫做寶性如來。如果有世間男男女女，聽到這位佛的佛號，在頃刻之間，發自內心地歸依這位佛，這人就能在無上的佛道中永遠不會退轉回俗道之中；又在過去有一位佛出世，佛號叫波頭摩勝如來，如果有世間男男女女，聽到這位佛的佛號，只要佛號一經過他的耳內，這人將千次的往返投身在六欲天中的報應，更何況是他誠心歸依、稱讚念誦這尊佛呢？又在過去多得數不清的阿僧祇劫中，有一位佛出世，佛號叫做獅子吼如來，如果有世間男男女女，聽到這位佛的佛號，並且一心想要歸依這位佛，這個人將獲得無數量的佛為他摩頂授記，並引導他以後成佛。

「又於過去，有佛出世，號拘留孫佛❶，若有男子女人，聞是佛名，志心瞻禮，或復讚歎，是人於賢劫千佛❷會中，為大梵王，得授上記；又於過去，有佛出世，號毗婆尸佛❸，若有男子女人，聞是佛名，永不墮惡道，常生人天，受勝妙樂；又於過去無量無數恆河沙劫，有佛出世，號寶勝如來❹，若有男子女人，聞是佛名，畢竟不墮惡道，常在天上受勝妙樂；又於過去，有佛出世，號寶相❺如來，若有男子女人，聞是佛名，生恭敬心，是人不久得阿羅漢果❻；又於過去無量阿僧祇劫，有佛出世，號袈裟❼幢如來，若有男子女人，聞是佛名者，超一百大劫生死之罪；又於過去，有佛出世，號大通山王如來，若有男子女人，聞是佛名者，是人得遇恆河沙佛，廣為說法，必成菩提。

【章　旨】地藏菩薩繼續介紹過去的一些佛，當眾生念誦其佛號以及歸依他時，眾生就會獲得功德利益。

【注　釋】❶拘留孫佛　中文翻譯為「所應斷」，是「過去七佛」之四，當人壽在六萬歲的時候，佛就在世界上出現，救度眾生。❷賢劫千佛　宇宙從構成到毀滅的一劫中，分為四個階段，賢劫是其中的一個階段，即出現一千個佛的過程就是賢劫階段。❸毗婆尸佛　中文翻譯為「維衛」或「勝觀」。也是「過去七佛」之一，出世於過去九十一劫，也稱「勝觀佛」，傳說此佛舉行過三次法會。❹寶勝如來　寶有世間寶，也有萬物中最尊貴的就是寶，但念佛就能了生脫死，而知佛寶勝過世間的一切寶。❺寶相　佛無去無來的法性實相。❻阿羅漢果　小乘佛教修行的「四雙八輩」之四，包括阿羅漢向、阿羅漢果。前者指正趨向證得「阿羅漢果」的修習者，後者指修得萬行圓成，永遠不再投胎轉世而遭受生死輪迴之苦的果位，後來泛指「阿羅漢」為修得阿羅漢果位的人，簡稱「羅漢」。❼袈裟　如來寶幢的形相，表佛的莊嚴，修佛寶幢，能消滅許多罪業，能得到莊嚴。

【語　譯】「在過去，又有一位佛出世，佛號叫做拘留孫佛，如果有世間男男女女，聽到這位佛的佛號，並誠心歸依他，瞻仰他，禮拜他，或者再加以讚歎，這類男男女女在千佛出世的賢劫會中，能夠成為大梵王並獲得無上的菩提而得到最高的記別；再次，在過去有一位佛出世，佛號叫做毗婆尸佛，如果有世間男男女女，聽到這位佛的佛號，將永遠不會墮入到惡道之中，常常投生到人間或天道，獲得無比美妙和快樂；又在過去的無法計量的像恆河沙一樣多數目的劫數中，有一位佛出世，佛號叫做寶勝如來，如果有世間男男女女，聽到這位佛的佛號，最終不會墮入到惡道受苦，而常常在天界享受無比的美妙和快樂；又在過去，有一位佛出世，佛號叫做寶相如來，如果有世間男男女女，聽到這位佛的佛號，而產生恭敬心，這類人在很短的時間內就能夠獲得阿羅漢果，修成正果；又在過去無量數的阿僧祇劫中，有一位佛出世，佛號叫做袈裟幢如來，如果有世間男男女女，聽到這位佛的佛號，則可以超脫一百大劫的生死之罪；又在過去有一位佛出世，佛號叫做大通山王如來，如果有世間男男女女，聽到這位佛的佛號，這類人就會遇到像恒河的沙的數目一樣多的佛，為他廣說佛法，他最終必然能證得菩提的果位。

「又於過去，有淨月佛❶、山王佛❷、智勝佛❸、淨名王佛❹、智成就佛❺、無上佛❻、妙聲佛❼、滿月佛❽、月面佛❾，有如是等不可說佛。世尊，現在未來一切眾生，若天若人，若男若女，但念得一佛名號，功德無量，何況多名。是眾生等，生時死時，自得大利，終不墮惡道。若有臨命終人，家中眷屬，乃至一人，為是病人，高聲念一佛名，是命終人除五無間罪，餘業報等悉得消滅。是五無間罪，雖至極重，動經億劫，了不得出，承斯臨命終時，他人為其稱念佛名，於是罪中，亦漸消滅，何況眾生自稱自念，獲福無量，滅無量罪。」

【章　旨】地藏菩薩列舉過去的其他許多佛以及講述眾生為何要念佛號，怎樣來念誦佛號，以及能帶來何種功德等。

【注　釋】❶淨月佛　「淨」指一塵不染，「月」指水中月，隨機應現，故名。❷山王佛　指佛修成的報身，高大如山王，世人應恭敬瞻仰。❸智勝佛　即一切種智，佛的智慧可以勝過一切。❹淨名王佛　斷盡一切業障，清淨自然。❺智成就佛　智力成就功德的修成，性體顯現。❻無上佛　尊信無上的佛法而修成果位。❼妙聲佛　如來應機說法，圓滿具足。❽滿月佛　譬如十五夜的明月，清朗圓滿，令人無比歡喜而恭敬瞻仰。❾月面佛　指佛的臉像月亮一樣清秀圓滿，能使人生起無比歡喜與恭敬。

【語　譯】「又在過去，有一塵不染的淨月佛、高大如山的山王佛、超常智慧的智勝佛、斷盡業障而清靜自然的淨名王佛、功德圓滿而智力非凡的智成就佛、至高無上的無上佛、聲音圓妙而應機說法的妙聲佛、佛法圓滿具足的滿月佛、臉如月亮般清秀的月面佛，像這樣的佛，是多的數不盡的。世尊，現在世和未來世的一切眾生，無論是在天上還是在人間，無論是男還是女，只要稱念一位佛的名號，他的功德也就無量了，何況他稱念許多佛的名號呢！這些眾生，自己會得到很大的利益，最終不會墮入惡道去受苦的。如果有將死的人，他的家屬甚至是只有一個人，為這個將死的人大聲的念誦一位佛的名號，這將死的人，除了要受墮入五無間地獄受苦的大罪之外，其餘的業報，都能隨著因緣而消滅。這五無間地獄受苦的罪業，雖然殘酷，一經果報就要經歷上億個劫數，還不能從五無間地獄中解脫出來，但憑著這將死之人在咽氣之時，其他人為他念誦佛號，他所經歷的罪報也將慢慢地消失，更何況眾生自己親自稱誦佛號呢！他這樣不僅能夠獲得無量的福德，也能夠消除無量的罪業。」

【說　明】本品需要讀者朋友多花點心思的問題有：佛教啟發人們覺悟的途徑多種多樣。佛指示人們進入佛國的道路條條都通暢，順行逆行都可隨緣誘導。而眾佛因為世間眾生之苦而起大慈大悲之心，便與普度眾生的大慈大悲之心而產生求正道的覺悟，經過無量數的劫難，最終獲得菩提心而達到最大智慧——等正覺，即等同於佛所具有的大智慧，因為等正覺而終成正果，獲得具足圓滿。圓滿的眾佛要將他們的功德普渡給眾生，因此向眾生提供種種解脫或成佛的方便法門。佛引導眾生之路是遞進的。對於虔誠修持，一心歸依，與佛有善緣的眾生，他們只要誠心誠意地念誦佛號就能得到美妙和快樂，獲得功德，得到罪業解脫；而對於其他眾生，眾佛可依據他們各自的根基和心性，考察其承受能力，施捨給他們財物或精神愉快來救助他們的形相，再用佛法來引導他們的精神追求，這是佛引導眾生的遞進之路，通過世俗諦而上升到真諦。稱念佛號應以心誠為本。稱念佛號乃佛教對僧眾尊敬佛的基本、簡要的要求了，但有些人稱念佛號並不知道其真實的利益，也對稱念佛號的方法不太理解。如當今有信佛之人，口中似不離對佛號的稱念，但心不在焉，或僅在於俗世功利欲求。而且，世俗眾生對於佛的引導常常發生誤解，特別是對佛能帶來的功德的理解。有人只曉得一心念佛，但不知念佛的意義以及最終旨意；有人心帶貪念，認為念佛能帶來現實利益。眾佛跟世間眾生提供方便，只要他們誠心念佛則給予善德。但應清楚，這個心一定是虔誠的，是靈敏的，是能夠知曉念佛的真實利益和真實功德的，是通過眾佛指點能夠顯現真正的實相，直至達到菩提境界的，而不應是具有怪誕妄想，或愚頑不靈的心。稱念佛號的真實利益就是為了從惡道中獲得解脫，而不是獲得俗世的利益，而稱念佛號只要出於誠心，為他人稱念、自己稱念都是可以的，而且要知道稱念佛號一定會獲得利益。

校量布施功德緣品第十

【題　解】本品是佛回答地藏菩薩問校量布施功德因緣差別的事。修萬種功德，以布施為第一，布施是救度眾生的出發點，是成佛的主要資助。佛認為善根無論大小多少，都會得到無量的福報，而且必須把這福報回向法界眾生，福報才會大得無可比喻。布施的功德大小和得福的多少，都依據發心的大小和慈悲的輕重，因而佛認為，要較量布施的因緣，就必須先較量自己的心，布施時錢財多少並不是最重要。

爾時，地藏菩薩摩訶薩承佛威神，從座而起，胡跪合掌白佛言：「世尊，我觀業道眾生，校量布施❶有輕有重。有一生受福，有十生受福，有百生千生受大福利者。是事云何？唯願世尊為我說之。」爾時，佛告地藏菩薩：「吾今於忉利天宮，一切眾會，說閻浮提❷布施校量功德輕重。汝當諦聽，吾為汝說。」地藏白佛言：「我疑是事，願樂欲聞。」

【章　旨】地藏菩薩問佛怎麼比較世間眾生布施功德的輕重。地藏菩薩並不是真的不曉得，不過他慈悲心切，為我們眾生代問罷了。

【注　釋】❶校量布施　校量就是比較的意思。意即比較一下眾生所做的布施，怎麼樣做布施才是真正的布施，才是真正的發慈悲之心。修萬種功德以布施為第一。布施是救度眾生的出發點，是最主要的因素，也是成佛重要的資助。❷閻浮提　即閻浮提洲，即俗世眾生所居的地方。

【語　譯】這時，地藏大菩薩摩訶薩仰承佛的大威神力，從座位上立起來，走到佛前，右膝著地跪著，合掌對佛說：「世尊，我觀看業道裏的眾生，較量他們的布施，有一生受福的，有十生受福的，有百生千生受大福報的。這是怎麼一回事？請世尊解說給我聽。」這時，佛告訴地藏菩薩說：「我現在在這忉利天宮的法會上，來說說世間眾生的布施怎麼比較其功德輕重的事，您應該認真地聽，我來為您解說。」地藏菩薩回答說：「我對這件事有疑惑，很樂意聆聽您的解說。」

佛告地藏菩薩：「南閻浮提，有諸國王、宰輔、大臣、大長者❶、大剎利、大婆羅門❷等，若遇最下貧窮，乃至癃殘瘖瘂、聾癡無目，如是種種不完具者，是大國王等，欲布施時，若能具大慈悲，下心含笑，親手遍布施，或使人施，軟言慰喻。是國王等所獲福利，如布施百恆河沙❸佛功德之利。何以故？緣是國王等，於是最貧賤輩，及不完具者，發大慈心，是故福利，有如此報，百千生中，常得七寶具足，何況衣食受用。」

【章　旨】佛告訴地藏菩薩，地位高的人對地位卑微的人進行布施時，如果能以慈悲之心，放下自己尊貴的身分，面帶笑容，親自遍行布施或是派別人代為布施，那麼這些具有尊貴身分的人所獲得的福報利益，就好像布施了上百條恒河沙那麼多的佛所獲得功德的利益。

【注　釋】❶大長者　有德高望重的老年人的通稱。❷婆羅門　梵語之音譯，意譯為「潔淨、外意、淨行」等，為古印度四大種姓之首。在印度四姓之中，惟婆羅門能修行，最尊最勝，受人眾供養，餘姓不得侵越。是最高貴的祭司，一切知識的壟斷者，是古印度的「人間之神」。從事修行專求解脫的婆羅門稱為「梵志」，婆羅門的主要責任主要有六種，學習犬陀、教授犬陀、為自己祭祀、為他人祭禮、為布施和受施人。❸恒河沙　佛教中常常以恒河沙喻極多，永無窮盡，不可勝數之意。

【語　譯】佛告訴地藏菩薩說：「在南閻浮提世間，無論哪一國的國王、宰相、大臣、或是大長者，有錢的王族剎帝利人及淨行修行道的大婆羅門人等，倘若遇見了最下一等的貧窮的民眾，乃至於癃殘、瘖啞、聾子、傻子、瞎子，像這樣一些有種種肢體殘廢、身體不完備的人，這些大國王等人想要布施時，如果能以慈悲之心，放下尊貴的身分，降下自高的心，露出慈悲的笑容，親自遍行布施，或者派別人代為布施，並用溫柔體貼的言語去安慰這些貧窮的人。像這些國王等人所獲的福報利益，就會像布施了上百條恒河沙數那麼多的佛所獲得功德和利益。為什麼呢？因為這些國王能夠對於這最貧賤的一輩，以及殘廢的人，發出很大的慈悲心，所以得到的福利能夠這麼大，在他們百千生中，能得到各種寶物，更何況布施衣服，飲食等，當然就受用不盡了。」

復次地藏：「若未來世，有諸國王，至婆羅門等，遇佛塔寺，或佛形像，乃至菩薩、聲聞❶、辟支佛❷像，躬身營辦，供養布施，是國王等，當得三劫❸為帝釋身，受勝妙樂。若能以此布施福利，迴向法界❹，是大國王等，於十劫中，常為大梵天王。」

【章旨】講述應該布施的地方以及勸告人們，如果能將這些布施的福德利益不占為己有，把它們迴向法界，那麼布施者就能在十劫之中，常做大梵天王。

【注釋】❶聲聞　聲聞意為聽佛說法而得覺悟者，指僅能依照佛的言教修行並達到解脫自身為目的的修行者。❷辟支佛　辟支佛意為緣覺或獨覺，共有二義①出生於無佛之世，當時佛法已滅，但因前世修行的因緣，自以智慧得通。②自覺不從他聞，觀十二因緣之悟理而得道。❸劫　梵語Kalpa，音譯為劫波。劫分小劫、中劫、大劫。按佛教說法，起初人壽有八萬四千歲，每百年人壽減一歲，人壽減至十歲時，又每百年增加一歲，直到人壽達到八萬四千歲，稱為一劫。如是二十小劫，稱為一中劫，如是八十小劫，稱為一大劫。❹迴向法界　指將所修功德施予其他眾生。迴向，將自己所修功德施以他人。法指萬法，界謂分界，此處指諸法各有界。

【語　譯】佛又對地藏菩薩說：「如果後世有各國的國王，以及婆羅門等人遇到佛的塔寺，或者佛的形像，甚至菩薩、聲聞、辟支佛像等，如果能親自去操辦供養布施，這些國王等人就會得到三劫，成為天帝釋而受到最美好的快樂的報應。如果能將這些布施的福德利益，不占為己有，而是反過來再布施給佛教有情眾生，那麼，這些國王等人就能在十劫之中常做大梵天王。」

復次地藏：「若未來世，有諸國王、至婆羅門等，遇先佛塔廟，或至經像，毀壞破落，乃能發心修補。是國王等，或自營辦，或勸他人，乃至百千人等，布施結緣，是國王等，百千生中，常為轉輪王❶身。如是他人，同布施者，百千生中，常為小國王身。更能於塔廟前發迴向心❷，如是國王，乃及諸人，盡成佛道。以此果報，無量無邊。」

【章　旨】假若後世各國的國王以及婆羅門等人，能夠發心親去或勸他人去修補破剝蝕爛的聖像和佛經，那麼這些國王所獲得的功德就無量無邊，而那些與國王共同修補佛像和佛經的許多人也便可成就佛道了。

【注　釋】❶轉輪王　佛教護法神名號，又稱「轉輪聖王」、「轉輪聖帝」、「輪王」，相傳為護地獄之神，共四位，分別為金輪王、銀輪王、銅輪王、鐵輪王。金輪王最大，領導地獄四洲。銀輪王領地獄東、西、南三洲。銅輪王領地獄東、南二洲。鐵輪王領地獄南洲。❷發迴向心　指把修補佛廟塔經像的功德再布施給有情眾生。

【語　譯】佛又對地藏菩薩說：「假如未來世界中，有各國國王，以及婆羅門等人遇到前人所建造的佛塔、佛廟、佛經、佛像，因年代久遠而已經毀壞破落了，如果能夠發心去修補甚至於勸化千百人一起布施，結善緣而修補佛塔、佛廟、佛經、佛像，這些國王等人，在百千生世中就常常做轉輪王，那些與國王門同修此功德的人，百千生之中，就常常可以做各國的小國王。倘若還能在塔廟前把修補佛塔經像的功德布施給有情眾生，像這樣的國王和所有的人，就都能成佛。因為這功德的果報是無量無邊的。」

復次地藏：「未來世中，有諸國王及婆羅門等，見諸老病及生產婦女，若一念間，具大慈心，布施醫藥、飲食、臥具，使令安樂，如是福利，最不思議，一百劫中，常為淨居天❶主；二百劫中，常為六欲天主，畢竟成佛，永不墮惡道，乃至百千生中，耳不聞苦聲。」

【章　旨】如果對老病及生產婦女進行各種布施，那麼所得到的福利是最大的，大得不可思議，永遠不會墮惡道中受苦。

【注　釋】❶淨居天　證得不還果的聖者所居的境地，其中又分為五種：無煩惱、無熱天、善現天、善見天、色究竟天。

【語　譯】佛又對地藏菩薩說：「在未來世界中，如果有各國的國王和婆羅門等人，見到一些老人、有病的人以及生產的婦女，倘若一念的時間，發出慈悲之心，向他們布施醫藥、飲食、臥具等，使他們得到安樂，像這樣的布施得到的福利是不可思議的，他們就會在一百劫中常往生為淨居天的天主；在二百劫中往生為六欲天的天主，最後成佛，永不墮惡道裏，甚至在成百上千世中，耳中聽不到絲毫苦惱的聲音。」

復次地藏：「若未來世中，有諸國王及婆羅門等，能作如是布施，獲福無量，更能迴向，不問多少，畢竟成佛，何況釋、梵、轉輪❶之報？是故地藏，普勸眾生，當如是學。」

【章　旨】佛要求地藏應普勸告眾生學習模仿種種布施的方法。

【注　釋】❶釋梵轉輪　釋，指帝釋天。梵，指梵天王。轉，指轉輪王，亦稱輪王，掌管四洲之王，由天感而得輪寶，飛行天空，降伏四方，傳說轉輪王有金、銀、銅、鐵四王。

【語　譯】佛又告訴地藏菩薩：「假如未來世中各國國王及婆羅門等人，能做這樣的布施，獲得的福報是無量的，更能將這無量的福報都回流到法界眾生，不論你是多是少，畢竟可以成佛，何況釋天、梵天王、轉輪王一類的果報呢？所以地藏菩薩你應該普遍地勸化眾生去學習模仿這種布施的方法。」

復次地藏：「未來世中，若善男子、善女人❶，於佛法中，種少善根，毛髮沙塵❷等許，所受福利，不可為喻❸。」復次地藏：「未來世中，若有善男子、善女人，遇佛形像、菩薩形像、辟支佛形像、轉輪王形像，布施供養，得無量福，常在人天，受勝妙樂；若能迴向法界，是人福利，不可為喻。」

【章　旨】佛告訴地藏菩薩，只要眾生種下一點點善根，就會獲得無量的福利，「勿以善小而不為」。

【注　釋】❶善男子善女人　指專做善事不做惡的男女。❷毛髮沙塵　此處用來指所種善根小得只有頭髮、沙子、灰塵那麼大。❸不可為喻　指其所受福利大得不可比喻。

【語　譯】佛又對地藏菩薩說：「未來世中，倘若有善男善女，在佛法之中種下了一點善根，哪怕這些善根小得只有毛髮、沙子、灰塵這麼大，但其所受福仍大得無法比喻。」佛又對地藏菩薩說：「在未來世中，倘若有善男善女，遇到佛像、菩薩像、辟支佛像、轉輪王的形像，都去布施供養就能得到無數的福報，經常生在人間、天上，享受到最妙的快樂；如果他能將所受的福報返回法界眾生，那麼這個人的功德利益更是大得無法比喻。」

復次地藏：「未來世中，若有善男子、善女人，遇大乘經典❶，或聽聞一偈一句，發殷重心，讚歎恭敬，布施供養，是人獲大果報，無量無邊；若能迴向法界，其福不可為喻。」復次地藏：「若未來世中，有善男子、善女人，遇佛塔寺、大乘經典，新者，布施供養，瞻禮讚歎，恭敬合掌；若遇故者，或毀壞者，修補營理，或獨發心，或勸多人，同共發心，如是等輩，三十生中，常為諸小國王，檀越❷之人，常為輪王，還以善法，教化諸小國王。」

【章　旨】佛告訴地藏菩薩，如果眾生能對佛教經典發出內心的讚頌，並布施供養，也將獲得福報。

【注釋】❶大乘經典　指大乘佛教經典。❷檀越　施主。這裏指發心布施的人。

【語譯】佛又對地藏菩薩說：「在未來世中，倘若有善男善女遇到大乘佛教經典，或聽到別人誦讀佛典的一句偈詞，一句經文，發自內心地殷勤讚歎、恭敬尊重這些經典，並能布施供養出資印經，這人將得到極大果報，其功德無量無邊；倘若能再將這果報迴向法界，他所獲得的福報更是大得無法比喻。」佛又對地藏菩薩說：「在未來世中，倘若有善男善女遇到佛的塔寺或大乘經典是新的，他能夠布施供養瞻仰禮拜、稱揚讚歎，並恭敬地合掌膜拜；倘若是遇見舊的，或是已經毀壞的，又能夠修補佛寺佛塔或修復或重新印刷複製佛經，或者獨自一人出資修補，或者勸導許多人共同發心修補，像這樣的人，在三十生中常往生為各國的小國王；如果是發心布施的人還可往生為轉輪王，並用好的辦法去教化各小國的國王。」

復次地藏：「未來世中，若有善男子、善女人，於佛法中所種善根，或布施供養，或修補塔寺，或裝理經典，乃至一毛一塵，一沙一渧，如是善事，但能迴向法界，是人功德，百千生中，受上妙樂；如但迴向自家眷屬，或自身利益，如是之果，即三生受樂。舍一得萬報，是故地藏，布施因緣，其事如是。」

【章　旨】善根無大小之分，都會得到福報，並勸告善男善女應把這善事的福報迴向法界眾生，而不只是為了自家眷屬或自身的利益，得到的果報才會三世享受安樂，且捨得一分果報，則能獲得萬倍的果報。

【語　譯】佛又對地藏菩薩說：「在未來世中，倘若有善男善女在佛法中所種植下的善根，或者是布施供養佛法，或者是修補塔寺，或者是裝訂經典一類，甚至只是一根毛、一微塵、一粒沙或一滴水那麼一點小的善事，但只要能將這善事的福報再迴向法界眾生，這個人的功德，百千年生中會享受到上等的安樂；但倘若只將福報迴向自己的家屬，或者只求自身的利益，這樣的果報就只能三世享受。所以如能捨得一分果報，則能獲得萬倍的果報，所以地藏菩薩啊，布施的奇妙因緣就體現在這些方面。」

【說　明】本品主要講述布施的奇妙性。其中所可供讀者進一步理解的幾個問題是：第一，佛教的報應與布施基本上是對應的。本品至少陳述了這樣幾個層次：對殘疾人予以布施，其日常生活用品將取之不盡；對佛像親自供養布施，且將布施所獲利益反饋眾生，與大眾分享，所受回報是當梵天王；修佛塔、修佛經、佛像，則可以當上轉輪王；看見老病和生產婦女，布施醫藥、臥具等，則可為淨居天主、六欲天主，永遠不會墮入惡道，成佛，並永遠聽不到苦聲。所以，布施不同，受報也不同。這是眾生應明白第一點。其次，在有布施之心之行的前提下，眾生不要有大小之別，因為只要是做善事，都必然會獲得果報，善事無大小。今世社會中的人由於過多的受到物質、功利的影響，對於佛教的這個道理從不當一回事，然而我們要說，做善事絕對會有所補償的，天道是公平、公正的。其三，布施不能以善報為圖，尤其不能將布施所獲得利益僅與自家人的分享，而要把布施獲得的利益反饋到眾生中，與眾生一起分享，這樣才會得到至高的善報。這對當今社會中腰纏萬貫而一毛不拔的「富人」而言，應是有些啟示的。

地神護法品第十一

【題解】本品主要講述如何的供養地藏菩薩，如何的宣傳、弘揚《地藏菩薩本願經》以及瞻仰禮讚地藏菩薩所獲得的好處。具體言之，堅牢地神介紹擁護眾生供養地藏菩薩和誦經讀經的事：地藏菩薩是誓願最深的菩薩，他和眾生有大因緣，在六道裏度化眾生，因而眾生都對其瞻仰膜拜，眾生也因此得到了神靈所賜予的十大好處；就堅牢地神而言，他讚歎地藏菩薩的功德，就增加了百千倍的神道，因而告誡人們應天天去讀經並處處依《地藏菩薩本願經》去修行，就可脫離苦海，證得涅槃無生的安樂。

爾時堅牢地神❶白佛言：「世尊，我從昔來，瞻視頂禮無量菩薩摩訶薩❷，皆是大不可思議神通智慧，廣度眾生。是地藏菩薩摩訶薩，於諸菩薩，誓願深重。世尊，是地藏菩薩於閻浮提有大因緣，如文殊❸、普賢❹、觀音、彌勒❺，亦化百千身形，度於六道❻，其願尚有畢竟。是地藏菩薩，教化六道一切眾生，所發誓願劫數，如千百億恆河沙。世尊，我觀未來及現在眾生，於所住處，於南方清潔之地，以土石竹木作其龕室，是中能塑畫，乃至金銀銅鐵作地藏形像，燒香供養，瞻禮讚歎，是人居處，即得十種利益。何等為十？一者土地豐壤，二者家宅永安，三者先亡生天❼，四者現存益壽❽，五者所求遂意，六者無水火災，七者虛耗辟除❾，八者杜絕惡夢，九者出入神護，十者多遇聖因❿。世尊，未來世中，及現在眾生，若能於所住處方面，作如是供養，得如是利益。」

【章　旨】眾生對地藏菩薩瞻禮拜稱讚，以及眾生由此而得到十種好處利益。地藏菩薩與閻浮提世間眾生有著特別深厚的大因緣，並且講到四位大菩薩亦化現為成百上千種身形，來廣度在六道中輪迴的眾生。

【注　釋】❶堅牢地神　又作堅牢地天、地神天等，色界十二之一，是主掌大地之神。❷摩訶薩　大菩薩。❸文殊　佛教四大菩薩之一，以智慧辯才為大菩薩中第一，故尊號為「大智文殊」，為佛祖右脅侍。其餘三位為大悲觀世音、大行普賢、大願地藏。❹普賢　佛教四大菩薩之一。他和文殊菩薩一起，作為釋迦牟尼佛的脅侍菩薩，一個象徵智慧，一個象徵真理，其塑像多騎白象。❺彌勒　梵語Maitreya音譯，佛教菩薩名，是從佛得到預記、將繼承釋迦牟尼佛而在未來成佛的菩薩。傳說他出生於婆羅門家庭，後來成為佛的弟子，先於佛入滅，歸於兜率天宮內院，經過四千歲後下生人間，於華林園龍華樹下成佛，弘揚佛法，被視為改天換地之佛，尚未出現，所以又稱為後生佛、未來佛，此佛被視為釋迦牟尼佛的繼位者。❻六道　指地獄、餓鬼、畜生、人、天、阿修羅。❼先亡生天　指已經亡故的先人們可以早日超生在天上。❽現存益壽　指現在活著的人都能增長壽命。❾虛耗辟除　指一切驚恐不如意的事都能消除。❿多遇聖因　指經常遇到一些殊勝的聖德因果。

【語　譯】此時，堅牢地神對佛說：「世尊，我從往昔以來，瞻視頂禮過無數的菩薩、大菩薩，他們都有大得不可思議的神通和智慧來廣度世界的眾生，這位地藏菩薩在我所頂禮過的諸尊大菩薩之中，誓願要算他最深重了。世尊，這位地藏菩薩，與閻浮提世間眾生有特別深厚的因緣，像文殊、普賢、觀音、彌勒，這一等的大菩薩，也現出百千的身形在六道中化度眾生，他們的願力最後還有實現的時候，獨有這位地藏菩薩教化六道裏的一切眾生，所發的誓願的劫數，就好像千百億條恆河的沙子一樣多。世尊，我看未來及現在的一切眾生，在他們所住的地方，揀一處向南方的清潔的地方，用土、石、竹、木原料作一個龕座，在當中塑畫寶像，甚至用金、銀、銅、鐵來鑄造地藏菩薩像，並對他們燒香供養，瞻仰禮拜稱讚，這人住的地方，就可以得到十種大利益。哪十種呢？一是這地方的土地變得肥沃富饒，五穀豐收；二是家中大小眷屬都永遠平安無事；三是從前亡故的祖先們可以超生上天；四是現在所生存的人可以增加壽命；五是所求的事情都可以隨心如意地實現；六是沒有水災火災等災難；七是一切驚恐不如意的事情都能消除；八是可以杜絕惡夢；九是出入起居平安，有神靈護衛；十是經常遇到一些特殊的聖德因果。世尊，在未來世當中以及現在的一切眾生中，倘若能在他們所處的地方，做前面所說的各種供養，就能獲得這十種利益。」

復白佛言：「世尊，未來世中，若有善男子、善女人，於所住處，有此經典❶及菩薩❷像，是人更能轉讀經典，供養菩薩，我常日夜以本神力，衛護是人，乃至水火盜賊，大橫小橫，一切惡事，悉皆消滅。」

【章旨】如果善男善女能夠誦讀經典，並供養地藏菩薩像，就可得到鬼神擁護，堅牢地神也會發願來擁護他，因而一切惡事都會消除。

【注釋】❶經典　指《地藏菩薩本願經》這部經典。❷菩薩　指地藏菩薩。

【語譯】堅牢地神又對佛說：「世尊，在未來世中，倘若有善男善女，在他們所住的地方，如果有《地藏菩薩本願經》及地藏菩薩的寶像，這個人還能讀誦這部經典，並供養地藏菩薩的寶像，那麼我便在日夜間常用我本人的神通力量，來保護這個人，甚至水災、火災、盜賊等大小禍事，一切惡事都能夠替他消滅。」

佛告堅牢地神：「汝大神力，諸神少及，何以故？閻浮土地，悉蒙汝護，乃至草木沙石、稻麻竹葦、穀米寶貝，從地而有，皆因汝力，又當稱揚地藏菩薩之事，汝之功德，及以神通，百千倍於常分地神。若未來世中，有善男子、善女人，供養菩薩，及轉讀是經，但依《地藏本願經》一事修行者，汝以本神力而擁護之，勿令一切災害及不如意事輒聞於耳，何況令受？非但汝獨護是人故，亦有釋梵眷屬、諸天眷屬，擁護是人，何故得如是聖賢擁護？皆由瞻禮地藏形像，及轉讀是《本願經》故，自然畢竟出離苦海，證涅槃❶樂。以是之故，得大擁護。」

【章　旨】佛認為堅牢地神的神通力量無人能比，善男善女如果能瞻仰禮拜地藏菩薩寶像，以及拜讀《地藏菩薩本願經》，就能得到聖賢護衛，最後證得涅槃的快樂。

【注　釋】❶涅槃　梵語Niavana，巴利語Nibbana音譯，又音譯作泥洹、涅槃那等，漢語譯為滅、滅度、寂滅、不生、圓寂。指從一切煩惱的束縛中脫離開來，達到不生不死，超脫六道輪迴的境地，為佛教全部修行最終所要達到的最高理想。後有得道僧人之死亦稱涅槃。

【語　譯】佛告訴堅牢地神說：「像您這樣的神通力量，其他的各位神很難能比得上，為什麼呢？因為南閻浮提世間的所有土地都能受你的保護，乃至於草木沙石、稻麻竹葦、穀米和一切的寶貝，都是從土地中生出來的，這些都是因有你的神通力的保護才有的。你又能稱讚頌揚地藏菩薩所做的功德利益的事。因此，你的功德以及你的神通，是比普通地神要高出百千倍。如果未來世界中有善男善女，供養地藏菩薩，及轉讀這部經典，並能依照《地藏菩薩本願經》裏的每件事來修行的人，你都要用你本有的神通力量去支持他，擁護他，保護他，不要使一切災禍以及不如意的事經常在他耳邊出現，更何況讓他親自去經受這些災難呢？不但你要保護這些人，還有帝釋天王，梵天王眷屬，各位天神的眷屬等，都來擁戴保護這些人，這些人為什麼能夠得到這麼多的聖賢來護衛呢？都是因為他瞻仰禮拜地藏菩薩寶像，以及誦讀《地藏菩薩本願經》的緣故，這些眾生自然而然最後能脫離苦海，證得涅槃無生無死的快樂。為這些緣故，他們就能獲得這麼大的保護。」

【說　明】本品主要講述如何的供養地藏菩薩，如何的宣傳、弘揚《地藏菩薩本願經》以及瞻仰禮讚地藏菩薩所獲得的好處。有兩個方面值得讀者注意：一是本品所述反映出神或菩薩神力的大小跟其積累的功德大小有關。堅牢地神的神力之所以其他神比不上，就在於堅牢地神保護了世間的土地，讚頌了地藏菩薩。換言之，一個人如需要獲得更大利益，就應該多做功德之事。二是讚頌《地藏菩薩本願經》、供養地藏菩薩，本身就是立功德，而這種行為還會得到其他神如堅牢地神、王如帝釋天王、梵天王的保護。這實際上就是鼓勵人們去宣傳、弘揚《地藏菩薩本願經》，鼓勵人們去供養地藏菩薩，使地藏菩薩得到流傳。由此也可看出，佛教中的神、菩薩、佛、天王等彼此之間具有相互保護的關係。由此可進一步說，就佛教經典而言，反映了佛教經典在內容上，各個概念、各個範疇、以及各種觀念之間是有密切關聯的；而就學佛、信佛的眾生而言，則應該全面地、整體地去領悟佛的教導，而不能支離地、分析地去肢解佛教。如是，佛法方能真正流入眾生，發揮醒迷脫霧之作用。

見聞利益品第十二

【題解】 所謂見聞利益，就是指見到地藏菩薩形象、聽到誦讀《地藏菩薩本願經》後所獲得的利益。本品是講佛告訴觀世音菩薩，眾生在見到地藏像和聞到地藏名號後，若能誠心恭敬地瞻仰、禮拜並供養地藏菩薩，那麼眾生就一定可得到地藏菩薩所賜予的福報以及得到其他諸鬼神的保護。

本品通過佛和觀世音的描述再一次體現了地藏菩薩的神通廣大以及他和法界眾生的因緣，所謂一心向佛，虔誠、恭敬待佛，即能得到神靈保護的說法也在此品中得到了進一步證實。佛還告誡眾生必須時時謹記「五戒」，否則就是對佛的不敬，也一定會遭到報應，墮入惡道受苦。

爾時，世尊從頂門上放百千萬億大毫相光，所謂白毫相光❶、大白毫相光、瑞毫相光❷、大瑞毫相光、玉毫相光❸、大玉毫相光、紫毫相光❹、大紫毫相光、青毫相光❺、大青毫相光、碧毫相光❻、大碧毫相光、紅毫相光❼、大紅毫相光、綠毫相光❽、大綠毫相光、金毫相光❾、大金毫相光、慶雲毫相光❿、大慶雲毫相光、千輪毫光⓫、大千輪毫光、寶輪毫光⑫、大寶輪毫光、日輪毫光⑬、大日輪毫光、月輪毫光⑭、大月輪毫光、宮殿毫光⑮、大宮殿毫光、海雲毫光⑯、大海雲毫光。於頂門上放如是等毫相光已，出微妙音，告諸大眾、天龍八部⑰、人、非人⑱等：「聽吾今日於忉利天宮，稱揚讚歎地藏菩薩，於人天中利益等事、不思議事⑲、超聖因事、證十地事⑳、畢竟不退阿耨多羅三藐三菩提事。」

【章　旨】佛從頭頂放出千萬億道毫光瑞相，並告誡天神大眾、天龍八部、人及非人之眾生，及聆聽佛歎地藏菩薩證得十地果位等事。

【注　釋】❶白毫相光　佛頭頂上有若干髮髻，能發出不同顏色的瑞光，各有不同的寓意及作用，白色為最純潔之色，凡人能依教修行者，猶如去黑還白，拋除汙染，返樸歸真，變得純潔可愛。❷瑞毫相光　吉祥之光。比喻眾生若依經修持，便可超凡證佛，得到吉祥。❸玉毫相光　指眾生受佛法薰陶，好比玉石經過琢磨雕飾而能成大器。❹紫毫相光　紫色為黑赤相雜，故比喻雜類眾生心意雖異，如果能依本經修持，皆能獲得同等福報利益。❺青毫相光　比喻地獄內罪業眾生，如果能獲聞本經，就能如春天百草復蘇之象。❻碧毫相光　碧是深青的顏色。是說地獄眾生不但有生氣，能依此經去調服心身，而且睡在地獄裏也可以得到天堂一樣的安樂。❼紅毫相光　即火色，即教眾生能依此經修行，即便睡在三界火宅，也可以獲得解脫。❽綠毫相光　是說眾生解脫紅塵之苦，則性海定水，湛然碧綠，自然可以化火宅為清涼了。❾金毫相光　金黃之色，耐久不褪。指地獄餓鬼畜生，雖然久處惡道，但若能閱讀此經就可以脫離惡道，再喚回佛性。❿慶雲毫相光　五彩慶雲，是說眾生若能依此經修習，就能證金剛之身，離證得佛果不遠，並可得到佛的五彩色照耀而無比美好。⓫千輪毫光　是說眾生若能一心向佛，就自能照破業障，能如千輪圓轉。⓬寶輪毫光　喻眾生向佛，更能如佛家寶輪，圓轉無礙。⓭日輪毫光　即日光普照，無憎無愛，無物不及。喻眾生若能向佛，其惡業就如朝露見日，稍縱即逝。⓮月輪毫光　月光清涼感人，因而眾生若能依此經修行，其熱念煩惱就能被熄滅。⓯宮殿毫光　宮殿是尊貴莊嚴之地，比喻眾生若能依此經修行，就如進入佛家尊貴莊嚴之境界。⓰海雲毫光　海雲無邊無際，喻普天下眾生若能依經修行，就都能獲得佛的福佑。⓱天龍八部　守護佛法的八種神，天龍是別稱，八部是總稱。⓲非人　指不是人類的一等眾生，如禽獸、草木等。⓳不思議事　指不可思議的事情。⓴證十地事　對「十地」的解釋，各派名稱不同。大乘佛教的「十地」是指：歡喜地、淨地、明地、焰慧地、難勝地、現前地、遠行地、不動地、善慧地、法雲地。「十地」均指菩薩在修行過程中必須經過的十個階位（階段），經過十地修習，菩薩才能不受煩惱的困惑和擾亂具備成佛的可能。

【語　譯】這時，佛從頭頂上放出百千萬億道的毫光瑞相，它們是白毫相光、大白毫相光、瑞毫相光、大瑞毫相光、玉毫相光、大玉毫相光、紫毫相光、大紫毫相光、青毫相光、大青毫相光、綠毫相光、大綠毫相光、紅毫相光、大紅毫相光、金毫相光、大金毫相光、慶雲毫相光、大慶雲毫相光、千輪毫光、大千輪毫光、寶輪毫光、大寶輪毫光、日輪毫光、大日輪毫光、月輪毫光、大月輪毫光、宮殿毫光、大宮殿毫光、海雲毫光、大海雲毫光。佛從他的頭頂上放出這許許多多道毫光相後，發出微妙的聲音，告戒天神大眾、天龍八部等佛教護法神、人以及不是人類等的眾生：「你們聽我今天在忉利天宮稱揚讚歎地藏菩薩在人道和天道中，為眾生造就種種利益的事、不可思議的事、超入聖因的事、證得十地果位的事、畢竟不退轉佛性的事。」

說是語時，會中有一菩薩摩訶薩，名觀世音❶，從座而起，胡跪合掌，白佛言：「世尊，是地藏菩薩摩訶薩具大慈悲，憐愍罪苦眾生，於千萬億世界，化千萬億身，所有功德，及不可思議威神之力，我聞世尊與十方無量諸佛，異口同音讚歎地藏菩薩云，正使❷過去、現在、未來諸佛，說其功德，猶不能盡。向者❸又蒙世尊普告大眾，欲稱揚地藏利益等事，唯願世尊為現在、未來一切眾生，稱揚地藏不思議事，令天龍八部，瞻禮獲福。」

【章　旨】通過觀世音菩薩的敘說，再一次顯示地藏菩薩無量而偉大的功德。

【注　釋】❶觀世音　佛教菩薩，音譯阿縛盧枳低濕伐羅，是以慈悲救苦為本願的菩薩。有各種不同的叫法，與大勢至菩薩同為西方極樂世界阿彌陀佛的脅侍，合稱西方三聖，世傳只要在遇到困難，眾生稱念觀世音菩薩這個名號，菩薩即時觀其聲前往拯救，因而叫觀世音菩薩。傳說其應化萬方，或男或女，或多臂多目多頭，因而相貌頗多。❷正使　即使。❸向者　前面。

【語　譯】佛正在說這段話的時候，法會中有一位大菩薩，名號叫觀世音，從座位上站起來，右膝跪地，恭敬地合著雙掌對佛說：「世尊，地藏菩薩具備極大慈悲之心，憐憫罪苦眾生，在千億世界之中，變化出千萬億化身其功德，真有不可思議的神力，我聽世尊與多方無數的佛都異口同聲地讚歎地藏菩薩，即使過去、現在未來所有的佛都來說他的功德，還說不完。前面又承蒙世尊遍告大眾，欲稱揚地藏利益一等的事情，現在唯願世尊為現在和未來的一切眾生稱揚這地藏菩薩不可思議利益功德之事，以便使天龍八部護法諸神都能瞻仰禮拜，從而獲得福報利益。」

佛告觀世音菩薩：「汝於娑婆世界❶，有大因緣，若天若龍，若男若女，若神若鬼，乃至六道罪苦眾生，聞汝名者，見汝形者，戀慕汝者，讚歎汝者，是諸眾生於無上道❷，必不退轉，常生人天❸，具受妙樂，因果將熟，遇佛授記❹。汝今具大慈悲，憐憫眾生，及天龍八部，聽吾宣說地藏菩薩不思議利益之事，汝當諦聽，吾今說之。」觀世音言：「唯然，世尊，願樂欲聞。」

【章　旨】佛講述觀世音菩薩的極大功德和其慈悲之心，並要求觀世音菩薩細心聆聽地藏菩薩不可思議的功德利益的事。

【注釋】❶娑婆世界　指俗世間。❷無上道　即至高無上的佛家境地。❸人天　即六道輪迴中的人道和天道。❹授記　指佛對發大心之眾生，授與將來必定作佛的標記和預言。

【語譯】佛對觀世音菩薩說：「你對俗世間有很大的因緣，如果天界諸神、龍眾，或者男眾、或者女眾，若神若鬼，甚至於六道裏的罪苦眾生，聽到你的名號，或見到你的形像，有戀慕你的人，也有讚歎你的人，這些人對於佛法至高無上的正道，必然永遠不會產生懷疑退轉之心，還可以常常到人道、天道裏去享受極大的快樂，等到因果將要成熟的時候，又會遇到佛來接引，為其授記。現在你已具備這麼大的慈悲之心，憐憫眾生，以及天龍八部，聽我宣說地藏不可思議的功德利益之事，你應當細心聆聽，我現在就為你講說。」觀世音菩薩說：「是的，世尊，我很樂意聽您說說。」

佛告觀世音菩薩：「未來現在諸世界中，有天人受天福盡，有五衰相❶現，或有墮於惡道❷之者，如是天人，若男若女，當現相時，或見地藏菩薩形像，或聞地藏菩薩名，一瞻一禮，是諸天人，轉增天福，受大快樂，永不墮三惡道報，何況見聞菩薩，以諸香華、衣服、飲食，寶貝、瓔珞❸布施供養，所獲功德福利，無量無邊。」

【章旨】無論善男善女，當出現五衰相時，如果能夠對地藏菩薩瞻仰禮拜，就能轉增他們的天福，並且永遠不會墮入惡道去受苦；如果能用各種財物布施供養地藏菩薩，那麼，這種人所獲得的功德福報利益就無量無邊了。

【注釋】❶五衰相　指天人將死的時候，所顯示出的五種衰相，有大小兩種，小五衰相是：口出惡聲，身光微昧，浴水著身，著境不舍，身虛眼瞬。大五衰相是：頭上花萎，衣裳穢汙，體生臭氣，腋下汗出，不樂本座（坐立不安）。傳說如果小五衰相出現時，如不速禮佛，求消業增福，就會出現大五衰相，隨後天人福盡氣消，即受業報輪迴的報應。❷惡道　又稱惡趣，即生前作惡之人死後的去處，入地獄，轉為餓鬼、畜生。❸瓔珞　用於佛像裝飾的頸飾（一般由玉珠瑪瑙穿制而成）。

【語譯】佛告訴觀世音菩薩說：「未來、現在諸世界中，有天上人享受天福完盡之後，就會顯現出五衰相，或者有墮入惡道裏去受苦的，像這樣的天人，無論男女，當出現五衰相時，若能見到地藏菩薩的形像，或是聽到地藏菩薩的名號，此時若能一瞻仰、一禮拜，就能轉增他們的天福，得受很大的快樂，而且永遠不會墮入地獄、餓鬼、畜生這三惡道裏去，何況是那些見到地藏菩薩後，用香華、衣服、食品、珍寶、瓔珞等物布施供養地藏菩薩的人，不管是男人還是女人，他們所獲得的功德福報利益，將是無邊無量的。」

復次觀世音：「若未來現在諸世界中，六道眾生臨命終時，得聞地藏菩薩名，一聲歷耳根者，是諸眾生，永不歷三惡道苦，何況臨命終時，父母眷屬，將是命終人舍宅、財物、寶貝、衣服，塑畫地藏形像；或使病人未終之時，眼耳見聞，知道眷屬將舍宅、寶貝等，為其自身塑畫地藏菩薩形像，是人若是業報合受重病者，承斯功德，尋即除癒，壽命增益；是人若是業報命盡，應有一切罪障業障，合墮惡趣❶者，承斯功德，命終之後，即生人天，受勝妙樂，一切罪障，悉皆消滅。」

【章　旨】佛告訴觀世音菩薩輪迴在六道裏的眾生，獲得解脫的各種情形。

【注　釋】❶惡趣　眾生行惡業，結果必陷於邪惡的處所，這便是惡趣，又稱惡處、惡道，是作為惡業結果的一種生存狀態。

【語　譯】佛對觀世音菩薩說：「如在未來和現在各個世界中，輪迴在六道裏的眾生在臨死時，能聽到地藏菩薩的名號，只要有一聲歷歷分明地入到他的耳朵處，那麼，這個眾生就永遠不墮入地獄、餓鬼、畜生這三惡道中去受苦，更何況在這人臨死時，他的父母眷屬將其所有的屋房、財物、珍寶、衣服賣掉而去塑畫地藏菩薩的形像；或者病人在未死的時候，親眼看見、親耳聽到，知道其眷屬把他的房宅、珍寶等變賣而為他自身的福報塑畫地藏菩薩的形像，這個人如果是本身的業報應當受到重病的報應，承蒙這種功德之力，他的重病馬上就會痊癒，而且他的壽命也會增加；如果這個人的業報應當受到命終死的報應，根據他所有的一切罪障業障，本該墜入地獄等苦道，也會承蒙這些功德，在死之後，就可以往生到天上，享受很大的快樂，而且一切的罪障，統統可以消除。」

復次觀世音菩薩：「若未來世，有男子女人，或乳哺時，或三歲、五歲、十歲已下，亡失父母，乃及亡失兄弟姐妹，是人年既長大，思憶父母及諸眷屬，不知落在何趣❶，生何世界，生何天中。是人若能塑畫地藏菩薩形像，乃至聞名，一瞻一禮，一日至七日，莫退初心❷，聞名見形，瞻禮供養，是人眷屬，假因業故，墮惡趣者，計當劫數，承斯男女兄弟姊妹，塑畫地藏形像，瞻禮功德，尋即解脫，生人天中，受勝妙樂；是人眷屬，如有福力，已生人天，受勝妙樂者，即承斯功德，轉增聖因，受無量樂；是人更能三七日中，一心瞻禮地藏形像，念其名字，滿於萬遍，當得菩薩，現無邊身，具告是人眷屬生界；或於夢中，菩薩現大神力，親領是人，於諸世界，見諸眷屬。更能每日念菩薩名千遍，至於千日，是人當得菩薩遣所在土地鬼神，終身衛護❸，現世衣食豐溢，無諸疾苦，乃至橫事，不入其門，何況及身？是人畢竟得菩薩摩頂授記❹。」

【章　旨】即便是已死的人，如果其眷屬能夠塑畫地藏菩薩形象並瞻仰禮拜菩薩的功德，那麼，本應在三種惡道中受苦的死人就會承蒙其眷屬功德，立即得以解脫地獄罪報的苦難，往生到天上，受到極大的快樂；假若這已死的人本有福德力量，已經往生到人通到天通中，也會因其家屬功德，又轉增聖因，更加享受無邊無盡的快樂，並且其家屬也因其自身功德，災禍橫事從不進家門，最終地藏菩薩也會為他摩頂授記，並修成佛道。

【注　釋】❶落在何趣　墮落在哪一道。指惡道。❷初心　指初發時的一念真心。❸終身護衛　終身受到保護。
❹摩頂授記　指佛對發大心之眾生，通過撫摩其頭頂，授與將來必定作佛的標記和預言。

【語　譯】佛又對觀世音菩薩說：「若在未來世中，有男子女子，或者是哺乳期間，或者是三歲、五歲、十歲以下，其父母雙亡，其子其兄弟姐妹也亡故了，此人長大成人時，思念其父母以及各位為眷屬，不知他們墮落在哪一道裏，往生到哪個世界中。這人若能夠塑畫地藏菩薩形像，甚至聽到地藏菩薩的名字，一瞻仰，一禮拜，一日到七日內，都不退轉起初發的一念真心，聽到地藏菩薩的名號，又看見其形像，能夠瞻仰禮拜，甚至供養，那麼這個人死去的眷屬，假如是因他們自身的惡業而墜入惡道，本應當在地獄等惡道裏受苦，這時也會承借這人為其父母、兄弟、姐妹而塑畫地藏菩薩形像，瞻仰禮拜菩薩的功德，立即得以解脫地獄之苦，而往生到天上，受到極大快樂；這人的家屬，如果本來就有福力，已往生天道或人道中，享受到極大的快樂，也會承蒙這個人的功德，而轉增聖因，受到無邊無盡快樂；這個人如果更能在三七二十一天之內，一心一意瞻仰禮拜地藏菩薩形像，並稱念他的名號，念滿一萬遍，就能看到地藏菩薩現出廣大無邊的身形，來告知這個人的眷屬所往生的地方；或者在睡夢中，地藏菩薩現出更大神力，親自領著這個人，到各個世界中去看望他的各位家屬。如果這個人更能在每天念地藏菩薩的名號千遍，一直堅持到一千日，這個人就能得到地藏菩薩所派遣的當地土地神的終生保護，在現世能夠衣食充足有餘，沒有各種疾病，甚至各種災禍橫事，從不進入家門，何況殃及到他自身呢？這人最終可以得到地藏菩薩來為他摩頂授記，從而修成佛道。」

復次觀世音菩薩：「若未來世，有善男子、善女人，欲發廣大慈心，救度一切眾生者，欲修無上菩提❶者，欲出離三界❷者，是諸人等見地藏形像及聞名者，至心歸依，或以香華、衣服、寶貝、飲食，供養瞻禮，是善男女等，所願速成，永無障礙。」

【章　旨】眾生如能對地藏菩薩瞻仰禮拜甚至供養，那麼他所發的心願就很快得到實現，永遠沒有障礙，最終修得無比完全正確的智慧覺悟。

【注　釋】❶無上菩提　指無比完美完全正確的智慧覺悟。❷三界　根據佛教的世界觀，三界是眾生所居的世界，也是三個迷執的界域，眾生即在其中輪迴流轉，不能出離，這三個界域即是欲界、色界、無色界。欲界是最低下的界域，具有淫欲與貪欲的眾生都居於此界；色界在欲界之上，是離淫欲與貪欲的眾生所居地，是絕妙的物質的色界；無色界是最上的領域，是超越於物質之上的世界，唯以心識住於深妙之禪定，所以稱無色界。

【語　譯】佛又對觀世音菩薩說：「如果在未來的世界中，有善男善女，想發廣大的慈悲心，以救度一切受苦眾生，欲修得無比完美正確的智慧覺悟，並想脫離此世俗世界之苦，這些人見了地藏菩薩的形像，以及聽到他的名號，能誠心誠意地歸依地藏菩薩，或者用香花、衣服、寶貝、飲食等物，供養、瞻仰、禮拜地藏菩薩，這些善男善女等人所發的心願就能很快實現，永遠沒有障礙了。」

復次觀世音：「若未來世，有善男子、善女人，欲求現在、未來百千萬億等願，百千萬億等事，但當歸依、瞻禮、供養、讚歎地藏菩薩形像，如是所願所求，悉皆成就❶。復願地藏菩薩具大慈悲，永擁護我，是人於睡夢中，即得菩薩摩頂授記。」

【章旨】眾生若對地藏菩薩瞻仰禮拜、供養，就可實現其所發願望，並得到地藏菩薩的摩頂授記。

【注釋】❶成就　指實現願望。

【語譯】佛又對觀世音菩薩說：「如果在未來世中，有善男子善女人，想求實現他現在及以後的千萬億種心願，做完他千萬億件事情，只要他一心歸依、瞻仰、禮拜、供養、讚歎地藏菩薩形像，那麼，他所求的心願都會變成現實。如果他又希望地藏發大慈悲之心，永遠擁戴保護他自己，這人就會在睡夢中得到菩薩給他的摩頂授記，告訴他成佛的事情。」

復次觀世音菩薩：「若未來世，善男子、善女人於大乘經典，深生珍重，發不思議心❶，欲讀欲誦，縱遇明師，教視令熟，旋得旋忘，動經年月❷，不能讀誦。是善男子等有宿業障，未得消除，故於大乘經典，無讀誦性❸。如是之人，聞地藏菩薩名，見地藏菩薩像，具以本心恭敬陳白，更以香華、衣服、飲食、一切玩具供養菩薩，以淨水一盞，經一日一夜安菩薩前，然後合掌請服，回首向南，臨入口時，至心鄭重，服水既畢，慎五辛❹、酒肉、邪淫、妄語及諸殺害。一七日，或三七日，是善男子，善女人，於睡夢中具見地藏菩薩，現無邊身，於是人處授灌頂❺水，其人夢覺，即獲聰明，應是經典，一歷耳根，即當永記，更不忘失一句一偈。」

【章　旨】告訴眾生如何消除往世業障，以誦經念佛，從而獲得地藏的教誨而獲得利益。

【注　釋】❶不思議心　指不可思議的巨大毅力。❷動經年月　指經過許多年月。❸讀誦性　指讀誦的記憶性能。❹五辛　指五種帶有辛辣味的蔬菜：大蒜、茖蔥、慈蔥、蘭蔥、興渠。佛教因其氣味濃烈，故予以嫌棄。❺灌頂　佛教中的一種儀式，把法水灌到頭頂上去，直透六根，業障全消。

【語　譯】佛又對地藏菩薩說：「在未來世界中，若有善男善女對大乘經典，心生珍愛之情，發出不可思議的巨大毅力，並且想去誦讀它，在這種情況下，縱使遇到了高明師傅的教導與督促，要他熟念熟記，但卻一邊讀一邊忘，經過許多年月，仍不能讀誦。這是因為善男善女等人有往世業障，還沒有消除，所以對於大乘佛教經典，沒有誦讀的記憶性能。像這樣的人，聽到地藏菩薩的名號，見到地藏菩薩的寶像，應該用自己的誠懇本心恭敬地向菩薩陳述，還要用香花、衣服、飲食及各種玩具等供養地藏菩薩，並將一杯淨水安放在菩薩座前，經過一日一夜，然後合掌，請命服下，再回頭向南方，水臨入口時，要誠心鄭重虔誠，服水完畢後，要謹慎小心，不要吃蔥蒜等五種辛辣的蔬菜，不要喝酒吃肉，也不要邪淫和說謊話，更不要殺害各種生靈。這樣經過七天，或是三七二十一天後，這些善男善女在睡夢中就會見到地藏菩薩現出無邊廣大的身體，在此人住的地方，給他授灌頂水，此人猛醒後，就會變得極為聰明，凡是一切經典，只要經過他的耳根，立即便永遠牢記了，而且不會忘記其中的一句一偈經文。」

復次觀世音菩薩：「若未來世，有諸人等，衣食不足，求者乖願，或多病疾，或多凶衰，家宅不安，眷屬分散，或諸橫事，多來忤身，睡夢之間，多有驚怖。如是人等聞地藏名，見地藏形，至心恭敬，念滿萬遍，是諸不如意事漸漸消滅，即得安樂，衣食豐溢，乃至於睡夢之中，悉皆安樂。」

【章　旨】告訴眾生如果遇到諸多人生中的不幸之事，只要誠心恭敬地誦念地藏菩薩的名號，就會得到安樂。

【語　譯】佛又對地藏菩薩說：「在未來世界中，有各種人，衣食不充足，缺吃少穿，謀求事情終不能如願，或者經常生病，或者家中多凶事，家宅不平安，家眷分散不能團圓，或者有災禍經常侵害他的身體，又多忤逆心意，甚至在睡夢之間，也神思不安，見到許多驚慌恐怖的現象。像這樣的人，聽到地藏菩薩的名號，或是見到地藏菩薩的形像，如果能誠心恭敬地念地藏菩薩的名號滿一萬遍，這樣，許多不如意的事情就能漸漸被消滅，立即就可以得到安樂，衣食也就豐足有餘了，乃至於睡夢之中，也都安樂，不再驚怖。」

復次觀世音菩薩：「若未來世，有善男子，善女人，或因治生❶，或因公私，或因生死❷，或因急事，入山林中，過渡河海，乃及大水，或經險道，是人先當念地藏菩薩名萬遍，所過土地鬼神衛護，行住坐臥，永保安樂，乃至逢於虎狼獅子，一切毒害，不能損之。」

【章　旨】告訴眾生只要誠心恭敬地念菩薩名號一萬遍，那麼，這人所經之地，就有鬼神保護；行走坐臥的人，也能永保安樂，一切猛獸也不能損害其生命。

【注　釋】❶治生　指謀生。❷或因生死　指因婦人生產去報喜，或因親屬逝世去報喪。

【語　譯】佛又對觀世音菩薩說：「倘若未來世界中，有善男子善女人，或是因為謀生所需，或是為了公事私事，或是因報生或訃死的事情，或因緊急的要事，走入山林之中，或過河渡海遇到大水，或是經過危險的道路時，這人就應當先念地藏菩薩的名號一萬遍，這樣一來，他所經過的地方，就有鬼神來保護，其行住坐臥，也都永遠平安，甚至於碰到虎狼獅子等一切毒害人的猛獸時，這些猛獸也不能損害到其生命。」

佛告觀世音菩薩：「是地藏菩薩於閻浮提有大因緣，若說於諸眾生，見聞利益等事，百千萬劫，說不能盡。是故觀世音，汝以神力，流布是經❶，令娑婆世界眾生，百千萬劫，永受安樂。」

【章　旨】地藏菩薩給法界眾生所帶來的各種利益，在百千劫那麼長的時間裏，也說不盡，佛因此要求觀世音傳播《地藏菩薩本願經》這部經典。

【注　釋】❶流布是經　傳播《地藏菩薩本願經》，使其永遠遍布在世間的芸芸眾生中。經，此指《地藏菩薩本願經》。

【語　譯】佛告訴觀世音菩薩說：「這個地藏菩薩在閻浮提世間中有很大的因緣，如果要說出眾生因見到他的形像、聽到他的名號而獲得各種利益的事，即使在百千劫那麼長的時間裏，也說不盡。

所以，觀世音，你應當用你的神力去傳播《地藏菩薩本願經》，使它遍布在世間的芸芸眾生中，從而使眾生在百千萬劫中，永遠享受安樂的福報。」

爾時，世尊而說偈言：

吾觀地藏威神力，
恆河沙劫說難盡。
見聞瞻禮❶一念間，
利益人天無量事。

【章旨】佛讚揚地藏菩薩的大威神力以及其給人間帶來的無限的利益。

【注釋】❶見聞瞻禮　指見到、聽到、瞻仰、禮拜地藏菩薩。

【語譯】這時，佛用簡短的偈文把前面的經文覆述了一遍：我看這地藏菩薩的威神和福力，即使窮盡像恆河沙那麼多的劫數，也難說盡。一經見到或聽到，就去瞻仰、禮拜，或只需一念向著地藏菩薩，他就會給人道和天道造出無限的利益福報。

若男若女若龍神，
報盡應當墮惡道，
至心歸依大士身，
壽命轉增除罪障。

【章旨】如果誠心歸依地藏菩薩，他就會給各眾生消除罪障，壽命將結束的人也會增壽，墮入惡道的人也可往生極樂世界。

【語譯】假如有男有女或有龍神，他們的福報本來就要結束，壽命也將完結，並且在死後本要墮入惡道入地獄，往生為餓鬼、畜牲，但只要他們誠心歸依地藏菩薩，他們的壽命便立即會轉增延長，罪障也隨即消除。

少失父母恩愛者，
未知魂神在何趣。
兄弟姊妹及諸親，

生長以來皆不識。
或塑或畫大士身，
悲戀❶瞻禮不暫舍❷，
三七日中念其名，
菩薩當現無邊體。
示其眷屬所生界，
縱墮惡趣尋出離。
若能不退是初心，
即獲摩頂受聖記。

【章旨】如果有人年少就失去雙親及其他親人，且從未見過面，補救的辦法可以通過塑畫地藏菩薩像，莊重地瞻仰、禮拜地藏菩薩，菩薩就會指示其眷屬所往生的住所。

【注釋】❶悲戀　指悲哀的戀慕。❷不暫舍　不願暫時捨離。

【語譯】如果有一種人，從小就失去父母的恩愛，等到大了想見時，卻不知他們的魂神墮入哪一道內；而且他的兄弟姐妹及親人們，自他長大以來也都不認識。那麼，只要他去塑畫地藏菩薩的形像，悲哀的戀慕，莊重地瞻仰、禮拜地藏菩薩，並且一刻也不離開，在三七二十一日內，都誠心誠意地念地藏菩薩的名號，菩薩就會顯現出無邊的身相來，指示其眷屬所往生的住所。縱使這些眷屬已墮入惡道，也仍會承蒙於他塑畫及瞻仰菩薩的功德，不久之後就出離惡道，假若能夠永遠不退轉當初的一念真心，就可以受到地藏菩薩的摩頂授記的獎賞。

欲修無上菩提❶者，
乃至出離三界苦，
是人既發大悲心，
先當瞻禮大士像。
一切諸願速成就，
永無業障能遮止。

【章旨】如要獲得無上正覺，證得佛道，發慈悲心、瞻仰禮拜地藏菩薩是前提。

【注釋】❶無上菩提　指無上完全正覺的佛道，是照見法性、真如的最高真理和智慧。

【語譯】假使有人要修習無上正覺的佛道，甚至想出離三界之苦。這人既然產生了這麼大的慈悲心願，便應當先瞻仰、禮拜地藏菩薩像，那麼其一切心願就會實現，永遠沒有什麼業障能阻止得了他。

有人發心念經典❶，
欲度群迷超彼岸。
雖立是願不思議，
旋讀旋忘多廢失。
斯人有業障惑故，
於大乘經不能記。
供養地藏以香華，
衣服飲食諸玩具，
以淨水安大士前，

一日一夜求服之，
發殷重心慎五辛，
酒肉邪淫及妄語。
三七日內勿殺害，
至心❷思念大士名。
即於夢中見無邊，
覺來便得利根耳。
應是經教歷耳聞，
千萬生中永不忘。
以是大士不思議，
能使斯人獲此慧。

【章旨】瞻仰、禮拜、供養、布施地藏菩薩，並謹記佛教五戒，地藏菩薩就可使這一等人獲得慧根，從而可永遠牢記經典。

【注釋】❶經典 即大乘佛教經典。❷至心 指誠心誠意，一心一意。

【語譯】假使有人要發心念大乘佛經，想超度群迷的眾生到達彼岸。可是，雖然他立下了如此不可思議之大願，但一邊讀經仍會一邊忘記，這就是因為此人被業障所迷惑，所以不能牢記大乘佛經。但如果此人能用香花、衣服、衣食，各種器物來供養地藏菩薩，並將一碗清淨的水放置在菩薩面前，經過一日一夜之後，請命服下淨水，並發重誓，慎食辛辣之物，不飲食酒肉，不邪淫不說謊，保證二十一日內不殺害其他生靈，誠心恭敬地思念地藏菩薩的名號。這樣，此人在睡夢中就可看見地藏菩薩的無邊身體，醒來之後便得到利根。這樣，凡是經過他耳朵聽到的經典，千生萬生中永遠不會忘記。這全是因有地藏菩薩不可思議的神威之力，使這人獲得了這麼大的恩惠與福報。

貧窮眾生及疾病，
家宅凶衰眷屬離，
睡夢之中悉不安，
求者乖違❶無稱遂❷。

至心瞻禮地藏像，
一切惡事皆消滅。
至於夢中盡得安，
衣食豐饒神鬼護。

【章旨】大凡世間眾生只要誠心瞻仰、禮拜地藏菩薩，可能危及眾生的疾病、家宅不安等一切不順利的事情都將被消除。

【注釋】❶求者乖違　指所求的違背了自己的心願。❷無稱遂　指不能稱心，不能符合自己的心願。

【語譯】眾生倘有貧窮、疾病、親屬離散、睡不安、家宅凶衰、所求事不能稱心如意等不順利的事情，只要能誠心瞻仰、禮拜地藏菩薩像，那麼一切惡事都自然地會被消滅，睡夢中也能得到安寧，衣食也豐足有餘，而且鬼神還會來保護他。

欲入山林及渡海，
毒惡禽獸及惡人，

惡神惡鬼並惡風，
一切諸難諸苦惱。
但當瞻禮及供養，
地藏菩薩大士像，
如是山林大海中，
應是諸惡皆消滅。

【章旨】如能瞻仰禮拜和供養地藏菩薩，可以使諸眾生免遭毒禽、猛獸、惡人、惡神、惡鬼、惡風等的侵害，且可免除一切災難苦惱。

【語譯】假使要進入山林或去渡海，若遇到毒禽、猛獸、惡人、惡神、惡鬼、惡風等一切災難苦惱，這時如果瞻仰禮拜和供養地藏菩薩，那麼在山林大海中，各種惡物就都會消滅殆盡。

觀音至心聽吾說，
地藏無盡不思議。

百千萬劫說不周，
廣宣大士如是力。
地藏名字人若聞，
乃至見像瞻禮者，
香華衣服飲食奉，
供養百千受妙樂。
若能以此迴法界，
畢竟成佛超生死。
是故觀音汝當知，
普告恆沙諸國土。

【章 旨】佛告誡觀世音菩薩，應去廣泛宣傳地藏菩薩的神通廣大，以及其功德利益，從而使法界眾生能夠誠心恭敬地瞻仰禮拜地藏菩薩，使法界眾生最終能成佛，從而超脫生死輪迴。

【語 譯】觀世音菩薩你應專心聽我說，地藏菩薩利益眾生的事多得像恆河沙一樣不可思議，就是在百千萬劫中也說不完。所以，你應該廣泛宣傳地藏菩薩的神通廣大。地藏菩薩的名號若能有人聽到，甚至見到地藏的形像就能瞻仰禮拜，並用香花、衣服、飲食供奉地藏，此人就能在百千劫中享受到快樂。如果更能以此利益反饋來迴向法界眾生，那麼這人就最終能成佛，並超脫生死輪迴。所以，觀世音菩薩，你應當知道，廣泛地囑告像恆河沙那麼多的國土眾生，使他們都懂得地藏菩薩這不可思議的功德利益，從而使眾生能誠心地瞻仰禮拜地藏菩薩，是你神聖使命。

【說　明】本品詳細地敘說了地藏菩薩給不同困境的眾生所能帶來的利益。其中有如下幾點值得讀者朋友注意：一是本品開文的方式。佛發出各種瑞光，表明佛法力無邊，觀世音菩薩提出問題，地藏菩薩如何給眾生帶來利益；佛由此講說開來。這種講法方式在佛教中是很普遍的，就講法本身而言，可讓聽講者從容而不知不覺地進入場景，以接受佛法的宣傳；就所傳遞的信息言，體現一種平常心的境界，佛法是不需要裝神弄鬼去騙人接受的。其次是排比語句的使用。如在敘述地藏菩薩的功德時，用的是一層層的排比段，如有天人出現五衰相，掉入惡道，念地藏菩薩的名號，就會獲得地藏菩薩救拔，永不墮惡道；對輪迴惡道裏的眾生，念地藏菩薩的名號，罪障會消滅，增壽；一人想見從未見過的父母或親戚，念地藏菩薩的名號，便可實現這一願望；如記不住佛教經典，念地藏菩薩的名號，就會永遠不忘；如遇到險境，念地藏菩薩的名號，就會化險為夷……等等。這排比段的使用，增強了文章的節奏感，也增強了地藏菩薩的威力。讀者多為這種排山倒海的語氣所感染。其三，地藏菩薩無所不能，無處不在。不管什麼人，不管在哪裏，如果你遭到無法排除的困難，只要心中裝著地藏菩薩，念地藏菩薩的名號，為地藏畫像，供養地藏，就會獲得解脫。做人也應這樣，在有人或沒有人的時候，都應持著善的觀念。儒家有所謂「慎獨」，與佛家此觀念相得益彰也。

囑累人天品第十三

【題 解】囑累人天：指佛向人、天一次又一次地囑託、吩咐。本品是佛囑託地藏菩薩用其不可思議的神威力量去超度眾生，使他們免遭墮入惡道之苦，佛與眾生之間是心靈相應的，只要眾生能誠心誠意地誦念大乘經典，並恭敬地瞻仰禮拜菩薩，那麼佛與菩薩就會去拯救他們，使他們的業障消除，往生天上獲得菩提之心，最終一切所願皆實現，獲得正果並成佛。本品是大法會的結尾，釋迦牟尼的解釋得到了眾神的讚歎，然後他就入涅槃了，地藏菩薩的神威也得到了眾佛的讚歎。佛要求諸神與眾生都應把這種不可思議的功德迴向法界，使眾生都發出至心慈悲，使無邊福利充滿法界。

爾時，世尊舉金色臂，又摩地藏菩薩摩訶薩頂，而作是言：「地藏！地藏！汝之神力，不可思議；汝之慈悲，不可思議；汝之智慧，不可思議；汝之辯才，不可思議。正使十方諸佛，讚歎宣說汝之不思議事，千萬劫中，不能得盡。地藏！地藏！記吾今日在忉利天中，於百千萬億不可說不可說一切諸佛、菩薩、天龍八部大會之中，再以人天諸眾生等，未出三界在火宅❶中者，付囑於汝，無令是諸眾生墮惡趣中一日一夜，何況更落五無間❷及阿鼻地獄❸，動經千萬億劫，無有出期。」

【章旨】佛親自面對面地讚歎地藏菩薩的神通威力、智慧以及能言善辯之才和慈悲之心，並親自將人間天上眾生等人，以及未脫離三界火宅中的眾生都託付給地藏，囑咐地藏一定要讓這些人免遭地獄之苦。

【注釋】❶火宅　比喻充滿煩惱與痛苦、恐怖的迷妄的人世間。❷五無間　因為作惡業所招致的五重苦罪，所以稱五無間。第一，罪人日夜不停的受苦罪受折磨，以至於累經無數次劫，也沒有片刻的間斷，所以稱為無間地獄。第二，一個人在地獄受苦，地獄是滿無間隙的，許多人在地獄受苦，地獄也是滿滿的，沒有一絲間隙，所以稱為無間地獄。第三，懲罰罪人的刑具是多種多樣的，有吃人的叉、打人的棒、吃人的鷹、蛇、狼、犬等等。或者用燒紅的鐵杵和鐵臼，碓舂罪人的身體，或者把罪人用磨具來輾磨，或者用鋸子鋸罪人的肢體，用鑿子鑿，用銼子銼，用刀斧砍，或者把罪人扔進鍋裏用沸水煮，用鐵網和鐵繩捆紮、燙烙他們的身體，用鐵驢鐵馬烙燙、踐踏他們的身體，用堅硬的生牛皮捆綁罪人的頭，用熔化的鐵水澆灌罪人的身體。罪人饑餓的時候，讓他吞吃燒紅的鐵丸，口渴的時候，讓他喝熔化的鐵汁。自始至終，就這樣在地獄中受著各種刑具的折磨，即使歷經無數的劫數，無以復加的痛苦仍然是一個接著一個，沒有一刻間斷，所以稱作無間地獄。第四，不管你是男人或是女人，是羌人還是胡人，是夷人還是狄人，不管你是老的、幼的、貴的、賤的，也不管是龍還是神，是天神還是鬼怪，無論是誰，只要作了惡業，招致業報，都一樣墮入無間地獄受苦，而沒有什麼區別，所以稱其為無間。第五，如果一旦墮入這地獄，從開始墮入，一直到百千萬億劫數之間的每日每夜的每時每刻，都要經歷上萬次死生的苦痛，即使要想求哪怕很短的一念之間的痛苦的停止，都是不可能的。除非他的業報結束了，才有可能再次投胎，重新為人。如此連綿不絕，所以稱作無間地獄。❸阿鼻地獄　佛教「八大地獄」之一，又稱無間地獄，是最低的、最苦的地獄，罪鬼在此地獄會受到不停的酷刑，無所間隙。

【語譯】這時，世尊舉起金色的手臂，又撫摸著地藏菩薩的頭頂，對他說：「地藏啊地藏！你的神通威力，是不可思議的；你的慈悲之心，是不可思議的；你的智慧，是不可思議的；你的能言善辯，也是不可思議的。即使讓十方諸佛都來讚歎宣說你的不可思議的大功大德的利益之事，在千萬劫中也是說不盡的。地藏啊地藏！你要記住，我今天在忉利天宮中，在這百千萬億許許多多無法說清數目的一切佛、菩薩、天龍八部齊集一堂的大法會中，再將這人間天上諸眾生一等以及未出離三界火宅中的人，都囑咐給你，千萬不要讓這些眾生墮落到惡道中去，哪怕是受一天或一夜的苦難，更何況讓他們墮落到五無間及阿鼻地獄當中，去受那種種千萬億劫、永遠沒有出頭之日的大苦難呢！」

「地藏，是閻浮提眾生，志性❶無定，習惡者多，縱發善心，須臾即退，若遇惡緣，念念❷增長。以是之故，吾分是形，百千億化度，隨其根性而度脫之。地藏，吾今殷勤以天人眾付囑於汝，未來之世，若有天人及善男子、善女人，於佛法中種少善根，一毛一塵，一沙一渧，汝以道力擁護是人，漸修無上❸，勿令退失。」

【章旨】佛把天上人間的眾生託付給地藏，並要求地藏保護哪怕只種下一點善根的人，並使這等人漸修無上佛道。

【注釋】❶志性　志願和根性。❷念念　貪癡嗔等惡習，同時也指各種念頭產生的時間短暫。❸漸修無上　指修習成為至高無上的人。

【語譯】「地藏，南浮提眾生的志願和根性是不穩定的，一般是習惡的多，縱使是發善心，也一會兒便會退轉，倘若遇著了惡的因緣，惡習更會不斷增長。因為這個緣故，我總是分出百千萬億的身形，根據眾生的根性來超脫他們。地藏，我現在慎重地把天上地下的眾生託付給你，在未來世中，倘若有天上的人，以及人間的善男善女，在佛法中，種下一些小的善根，哪怕小得如一毛、一塵、一沙、一滴，你也應該以你的神力保護這個人，使他漸漸修到天上佛道，並且不要使之退轉。」

復次地藏：「未來世中，若天若人，隨業報應❶，落在惡趣，臨墮趣中，或至門首，是諸眾生若能念得一佛名，一菩薩名，一句一偈大乘經典，是諸眾生，汝以神力，方便救拔。於是人所，現無邊身，為碎地獄，遣令生天❷，受勝妙樂。」爾時世尊而說偈言：

現在未來天人眾，
吾今殷勤付諸汝。
以大神通方便度，
勿令墮在諸惡趣。

【章　旨】佛要求地藏菩薩去解救那些因其業將要墮入地獄中、但卻在此時會念誦一句一偈大乘佛教經典的人。

【注　釋】❶隨業報應　因眾生所造的業而受到各種報應。❷生天　死後往生到天上。

【語　譯】佛又對地藏菩薩說：「在未來世中，倘若天上的人，或者人間的人，隨他們所造的業去受到各種報應。如要落在惡道裏，在臨墮落之際，或者到了地獄的門前，這些眾生假使能念一位佛的名號，或一位菩薩的名號，或者一句一偈的大乘經典，對這些眾生，你要用你的神威力量千方百計去救他們。在這些人居住的地方，現出無邊之身，為他們粉碎地獄，遣令他們往生到天上，享受到最大的快樂。」這時，世尊又說出偈言：現在及未來的天人眾生，我今天殷勤地把他們託付給你，你要以你的大神通力去救脫他們，不要讓他們墮入到惡道裏去受苦！

爾時地藏菩薩摩訶薩胡跪合掌，白佛言：「世尊，唯願世尊不以為慮，未來世中，若有善男子、善女人，於佛法中，一念恭敬，我亦百千方便，度脫是人於生死中，速得解脫，何況聞諸善事，念念修行❶，自然於無上道永不退轉。」

【章旨】地藏菩薩請佛不要擔心度脫罪苦眾生之事，因為地藏菩薩會想盡一切辦法度脫所有罪苦眾生，並堅持不懈。

【注釋】❶念念修行　一心一意地修行。

【語譯】這時，地藏菩薩右膝跪地，雙手合掌，恭敬地對佛說：「世尊，請你不要掛慮這件事了，在未來世中，如有善男善女，只要能產生一念的恭敬之心，我也要用百千種方法，度脫他們，讓他們在生死輪迴中，迅速得到解脫，何況聽到他們做了許多善事，一心一意地修行，我自然讓他們在天上佛道中永不退轉其初心。」

說是語時，會中有一菩薩，名虛空藏，白佛言：「世尊，我自至忉利，聞於如來讚歎地藏菩薩威神勢力，不可思議。未來世中，若有善男子、善女人，乃及一切天龍聞此經典及地藏名字，或瞻禮形像，得幾種福利，唯願世尊，為未來、現在一切眾等，略而說之。」

【章旨】通過虛空藏敘說如來讚歎地藏菩薩的威神勢力不可思議，再次轉到問世尊善男善女瞻仰禮拜地藏的寶像，能得到哪幾種福利。

【語譯】就在說話的這時，法會中有一菩薩，名號叫虛空藏，他對佛說：「世尊，我自從來到忉利天宮，就聽到如來讚歎地藏菩薩以及其威神勢力不可思議。在未來世中，倘若有善男善女，甚至一切天龍聽到這部經典，或地藏名號，或瞻仰禮拜他的形像，可以得到哪幾種福利，懇請世尊為未來、現在的一切眾生大概地說一說。」

佛告虛空藏菩薩：「諦聽，諦聽，吾當為汝分別說之。若未來世，有善男子、善女人見地藏形像，及聞此經，乃至讀誦，香華、飲食、衣服、珍寶布施，供養、讚歎、瞻禮，得二十八種利益：一者天龍護念，二者善果日增，三者集聖上因❶，四者菩提❷不退，五者衣食豐足，六者疾疫不臨，七者離水火災，八者無盜賊厄，九者人見欽敬，十者神鬼助持，十一者女轉男身，十二者為王臣女，十三者端正相好❸，十四者多生天上，十五者或為帝王，十六者宿智命通❹，十七者有求皆從，十八者眷屬歡樂，十九者諸橫消滅，二十者業道永除，二十一者去處盡通，二十二者夜夢安樂，二十三者先亡離苦，二十四者宿福受生❺，二十五者諸聖讚歎，二十六者聰明利根❻，二十七者饒慈愍心❼，二十八者畢竟成佛。」

【章旨】佛告知虛空藏，假若未來世的善男善女能誠心恭敬地瞻仰禮拜地藏所得到的二十八種利益。

【注釋】❶集聖上因　指聚集聖上的因緣。❷菩提　指斷絕世俗而獲得解脫的覺悟智慧之心。❸端正相好　指相貌生得端正美好。❹宿智命通　指知道前世宿命之事。❺宿福受生　指前世所積功德今生能自然受用。❻利根　指聰明的素質，殊勝的根器，就佛教來說，特別指易於覺悟得解脫的根器。❼饒慈愍心　指具有佛家的慈悲之心。

【語譯】佛告訴虛空藏菩薩：「你應認真聽、認真聽，我現在跟你一一道來。假若未來世有善男善女見到地藏的形像，或聽到這部經典，甚至讀誦這部經典，用香花、飲食、衣服、珍寶去布施供養，以及讚歎、瞻仰、禮拜地藏菩薩，就可獲得二十八種大利益。第一是有天龍保護；第二是善果每天都增加；第三是聚集聖上的所有因緣；第四是覺悟智慧之心永不退轉；第五是衣食豐足有餘；第六是沒有疾病；第七是永遠不會有水災，火災降臨；第八是沒有盜賊厄難；第九是別人見了都會欽敬他；第十是有鬼神扶助；第十一是如果厭惡自己的女人身，可轉為男人身；第十二是能夠做王臣的女兒；第十三是相貌生得端正美好；第十四是多轉生到天上；第十五是或許能轉生為帝王；第十六是能夠知道前世宿命之事；第十七是所求的都能如願；第十八是親眷永遠快樂；第十九是各種橫禍均可消滅；第二十是永遠不會墮入惡道；第二十一是所到之處都暢通無阻；第二十二是夜間夢中安寧無驚；第二十三是已死的人可脫離苦海惡道；第二十四是前世所積功德今生能夠受用；第二十五是得到各位佛、菩薩聖賢的讚歎；第二十六是有聰明的根器；第二十七是富有慈悲之心；第二十八是能最終成佛。」

復次虛空藏菩薩：「若現在、未來天龍鬼神，聞地藏名，禮地藏形，或聞地藏本願事，行讚歎瞻禮，得七種利益：一者速超聖地❶，二者惡業消滅，三者諸佛護臨，四者菩提不退，五者增長本力❷，六者宿命皆通，七者畢竟成佛。」

【章旨】佛告訴虛空藏，假若未來的天龍鬼神，能夠在聽到地藏名號時，恭敬地瞻仰、禮拜，稱讚地藏菩薩，那麼這些天龍鬼神也可得到七種好處。

【注釋】❶聖地　是佛教徒最嚮往的界域，在那裏沒有生死之分，沒有任何疾病。❷增長本力　本力指本來具有的佛性力量，能增加本來佛性的力量。

【語譯】佛又對虛空藏菩薩說：「如果現在、未來的天龍鬼神，能聽到地藏菩薩的名號、禮拜地藏菩薩的形像；或者聽到他依《地藏菩薩本願經》度脫法界眾生脫離苦海的事蹟後，能夠行禮讚歎他，那麼，這些天龍鬼神就可得到七種利益：第一是從凡夫或天龍鬼神的地位迅速的超入聖地；第二是生生世世所造的惡業完全被消滅；第三是常常得到諸佛菩薩的保護；第四是先覺智慧所得的佛心永不退轉；第五是增長本來就具有的佛性力量；第六是能知曉過去未來之事；第七是最終成佛。」

爾時，十方一切諸來，不可說不可說諸佛如來，及大菩薩、天龍八部，聞釋迦牟尼佛稱揚讚歎地藏菩薩大威神力，不可思議，歎未曾有。是時，忉利天雨無量香華、天衣、珠瓔，供養釋迦牟尼佛及地藏菩薩已，一切眾會俱復瞻禮，合掌而退。

【章　旨】大法會結束後的景象，同時也再一次地講到地藏菩薩的威神之力大得不可思議。

【語　譯】這時，各方一切所有來參加大法會的無數量的諸佛如來，以及大菩薩、天龍八部等，聽到釋迦牟尼佛稱揚讚歎地藏菩薩極大的威神之力，而這種神力又大得不可思議，以前從未有過。這時，忉利天就像下雨一樣，無數量的香花、天衣、珠瓔都來供養釋迦牟尼佛以及地藏菩薩，一切參加大法會的大眾都一再瞻仰禮拜釋迦牟尼和地藏菩薩，誠心恭敬地合掌而退。

【說　明】本品是《地藏菩薩本願經》的結束曲。作為一部經的結束語，可以說是十分簡潔、精彩的。重複了佛對地藏菩薩普度眾生的要求和地藏對佛的誓願，概述了地藏菩薩給眾生帶來的利益。聽完佛的介紹，在忉利天宮的諸佛如來、天龍八部以及其信眾，都欽佩而讚歎地藏的威力。而忉利天宮就像下雨一般，飄下許許多多香花、天衣，以及名貴的珠寶、瓔珞來供養釋迦牟尼及地藏菩薩，這正說明佛、地藏菩薩具有無比大的功德。此外，佛不止一次地告訴地藏，只要有一點善行慧根之人，就應該努力去救度他，決不因為其慧根微小而棄拋不管，這再一次充分地體現了佛教的關懷精神。「在世」的讀者朋友，當你合上《地藏菩薩本願經》時，你的思緒是否在紛飛著呢？你的心靈是否有所淨化呢？

後記

記得小時候，奶奶常常帶著我們堂兄弟幾個到村外菜地去，因為年紀小，有時我們其中的一個會摔跟頭。有一次正好「輪到」我摔了個大跟頭，記得奶奶用一隻手輕輕地捏著我的一隻耳朵，嘴裏念念有詞：莫著嚇（不要被嚇著的意思）、莫著嚇，菩薩保護，菩薩保護……「菩薩」那時在我的觀念中是做善事保佑人平安的既威嚴又神秘的神。讀小學的時候，記得村裏村外都有些矮小的廟，偶爾也有人拿點香燭（那時物質生活太貧乏，是不可能有水果的）去敬拜菩薩。但看到的更多情形是，那些廟常常遭到「革命者」的毀壞，而學校的老師也告訴我們，敬神拜佛是封建迷信……「菩薩」那時在我的觀念中是頂壞頂壞的惡魔。上大學了，大學裏的「中國哲學史」課程中有一章專門講「魏晉隋唐佛教」，講課的老師告訴我們，佛教是經過精心「包裝」過的形而上學、唯心主義……那時佛教在我的觀念中是一種落後的、膚淺的思想形態。到了二十世紀九十年代，我為大學哲學系本科生開設了「宗教學原理」、「禪宗語錄選讀」、「中國佛教史」等課程，開始了自己「說」佛教的時代……這個時候，作為宗教的佛教，作為學科的佛教，作為思想的佛教等等，一一在我心靈中呈現，佛教從此進入我的「理性」認知視域。西元二〇〇〇年九月，有緣跟隨著名佛學家賴永海師學習佛教，賴師對佛教義理的精微闡發、獨到言說、平和判斷給我留下了深刻印象，亦使我對佛教的認識提升到一個新境際。《新譯地藏菩薩本願經》亦因賴師的因緣而作。在研讀《地藏菩薩本願經》過程中，我誠惶誠恐，如履薄冰，時刻擔心自己的研讀和體悟於佛祖有所不敬，或又怠慢了地藏菩薩的宏偉願力和奉獻精神。好在佛祖胸次浩大如海，又有「眾生根器不等」之教誨，即便有所錯漏，亦可當未來進步之階梯矣！是為後記。

李承貴謹識

於南京秦淮草堂

西元二〇〇五年三月二日

古籍今注新譯叢書

哲學類

新譯四書讀本	謝冰瑩等編譯
新譯學庸讀本	王澤應注譯
新譯論語新編解義	胡楚生編著
新譯孝經讀本	賴炎元等注譯
新譯易經讀本	郭建勳注譯
新譯周易六十四卦經傳通釋	黃慶萱注譯
新譯乾坤經傳通釋	黃慶萱注譯
新譯易經繫辭傳解義	吳　怡著
新譯禮記讀本	姜義華注譯
新譯儀禮讀本	顧寶田等注譯
新譯孔子家語	羊春秋注譯
新譯老子讀本	余培林注譯
新譯帛書老子	趙　鋒注譯
新譯老子解義	吳　怡著
新譯莊子讀本	黃錦鋐注譯
新譯莊子讀本	張松輝注譯
新譯莊子本義	水渭松注譯
新譯莊子內篇解義	吳　怡著
新譯列子讀本	莊萬壽注譯
新譯管子讀本	湯孝純注譯
新譯墨子讀本	李生龍注譯
新譯公孫龍子	丁成泉注譯
新譯晏子春秋	陶梅生注譯
新譯鄧析子	徐忠良注譯
新譯荀子讀本	王忠林注譯
新譯尹文子	徐忠良注譯
新譯尸子讀本	水渭松注譯
新譯鶡冠子	趙鵬團注譯
新譯鬼谷子	王德華等注譯
新譯韓非子	傅武光等注譯
新譯呂氏春秋	朱永嘉等注譯
新譯韓詩外傳	孫立堯注譯
新譯淮南子	熊禮匯注譯
新譯春秋繁露	朱永嘉等注譯
新譯新書讀本	饒東原注譯
新譯新語讀本	王　毅注譯
新譯潛夫論	彭丙成注譯
新譯論衡讀本	蔡鎮楚注譯
新譯申鑒讀本	林家驪等注譯
新譯人物志	吳家駒注譯
新譯張載文選	張金泉注譯
新譯近思錄	張京華注譯
新譯傳習錄	李生龍注譯
新譯呻吟語摘	鄧子勉注譯
新譯明夷待訪錄	李廣柏注譯

文學類

新譯詩經讀本	滕志賢注譯
新譯楚辭讀本	林家驪注譯
新譯楚辭讀本	傅錫壬注譯
新譯文心雕龍	羅立乾注譯
新譯六朝文絜	蔣遠橋注譯
新譯世說新語	劉正浩等注譯
新譯昭明文選	周啟成等注譯
新譯古文觀止	謝冰瑩等注譯
新譯古文辭類纂	黃　鈞等注譯
新譯樂府詩選	溫洪隆注譯
新譯古詩源	馮保善注譯
新譯千家詩	邱燮友等注譯
新譯詩品讀本	成　林等注譯
新譯花間集	朱恒夫注譯
新譯南唐詞	劉慶雲注譯
新譯絕妙好詞	聶安福注譯
新譯唐詩三百首	邱燮友注譯
新譯宋詩三百首	陶文鵬注譯
新譯宋詞三百首	汪　中注譯
新譯宋詞三百首	劉慶雲注譯
新譯元曲三百首	賴橋本等注譯
新譯明詩三百首	趙伯陶注譯
新譯清詩三百首	王英志注譯
新譯清詞三百首	陳水雲等注譯
新譯唐人絕句選	卞孝萱等注譯
新譯唐才子傳	戴揚本注譯
新譯拾遺記	石　磊注譯
新譯搜神記	黃　鈞注譯
新譯唐傳奇選	束　忱等注譯
新譯宋傳奇小說選	束　忱注譯
新譯明傳奇小說選	陳美林等注譯

新譯容齋隨筆選	朱永嘉等注譯
新譯明散文選	周明初注譯
新譯明清小品文選	鄭　婷注譯
新譯人間詞話	馬自毅注譯
新譯白香詞譜	劉慶雲注譯
新譯幽夢影	馮保善注譯
新譯菜根譚	吳家駒注譯
新譯小窗幽記	馬美信注譯
新譯圍爐夜話	馬美信注譯
新譯郁離子	吳家駒注譯
新譯歷代寓言選	黃瑞雲注譯
新譯賈長沙集	林家驪注譯
新譯揚子雲集	葉幼明注譯
新譯曹子建集	曹海東注譯
新譯建安七子詩文集	韓格平注譯
新譯阮籍詩文集	林家驪注譯
新譯嵇中散集	崔富章注譯
新譯陸機詩文集	王德華注譯
新譯陶淵明集	溫洪隆注譯
新譯江淹集	羅立乾等注譯
新譯庾信詩文選	歸　青注譯
新譯初唐四傑詩集	李福標注譯
新譯駱賓王文集	黃清泉注譯
新譯王維詩文集	陳鐵民注譯
新譯孟浩然詩集	楊　軍注譯
新譯李白詩全集	郁賢皓注譯
新譯李白文集	郁賢皓注譯
新譯杜甫詩選	張忠綱等注譯
新譯杜詩菁華	林繼中注譯
新譯高適岑參詩選	孫欽善等注譯
新譯昌黎先生文集	周啟成等注譯
新譯劉禹錫詩文選	閻　琦注譯
新譯柳宗元文選	卞孝萱等注譯
新譯白居易詩文選	陶　敏等注譯
新譯元稹詩文選	郭自虎注譯
新譯李賀詩集	彭國忠注譯
新譯杜牧詩文集	張松輝注譯
新譯李商隱詩選	朱恒夫等注譯
新譯范文正公選集	王興華等注譯
新譯蘇洵文選	羅立剛注譯
新譯蘇軾文選	滕志賢注譯
新譯蘇軾詞選	鄧子勉注譯
新譯蘇轍文選	朱　剛注譯
新譯曾鞏文選	高克勤注譯
新譯王安石文選	沈松勤注譯
新譯唐宋八大家文選	鄧子勉注譯
新譯柳永詞集	侯孝瓊注譯
新譯李清照集	姜漢椿等注譯
新譯陸游詩文選	韓立平注譯
新譯辛棄疾詞選	聶安福注譯
新譯歸有光文選	鄔國平注譯
新譯唐順之詩文選	馬美信注譯
新譯徐渭詩文選	周　群等注譯
新譯薑齋文集	平慧善注譯
新譯顧亭林文集	劉九洲注譯
新譯納蘭性德詞	馮　乾注譯
新譯方苞文選	鄔國平等注譯
新譯鄭板橋集	朱崇才注譯
新譯袁枚詩文選	王英志注譯
新譯李慈銘詩文選	潘靜如注譯
新譯聊齋誌異選	任篤行等注譯
新譯閱微草堂筆記	嚴文儒注譯
新譯浮生六記	馬美信注譯
新譯弘一大師詩詞全編	徐正綸編著

【歷史類】

新譯史記	韓兆琦注譯
新譯漢書	吳榮曾等注譯
新譯後漢書	魏連科等注譯
新譯三國志	吳樹平等注譯
新譯資治通鑑	張大可等注譯
新譯史記—名篇精選	韓兆琦注譯
新譯尚書讀本	吳　璵注譯
新譯尚書讀本	郭建勳注譯
新譯周禮讀本	賀友齡注譯
新譯逸周書	牛鴻恩注譯
新譯左傳讀本	郁賢皓等注譯
新譯公羊傳	雪　克注譯
新譯穀梁傳	顧寶田注譯
新譯春秋穀梁傳	周　何注譯
新譯戰國策	溫洪隆注譯
新譯國語讀本	易中天注譯
新譯說苑讀本	左松超注譯
新譯說苑讀本	羅少卿注譯

新譯新序讀本　葉幼明注譯
新譯吳越春秋　黃仁生注譯
新譯西京雜記　曹海東注譯
新譯列女傳　黃清泉注譯
新譯越絕書　劉建國注譯
新譯燕丹子　曹海東注譯
新譯東萊博議　李振興等注譯
新譯唐六典　朱永嘉等注譯
新譯唐摭言　姜漢椿注譯

宗教類

新譯金剛經　徐興無注譯
新譯高僧傳　朱恒夫等注譯
新譯碧巖集　吳　平注譯
新譯百喻經　顧寶田注譯
新譯楞嚴經　賴永海等注譯
新譯梵網經　王建光注譯
新譯圓覺經　商海鋒注譯
新譯法句經　劉學軍注譯
新譯六祖壇經　李中華注譯
新譯禪林寶訓　李中華注譯
新譯維摩詰經　陳引馳等注譯
新譯經律異相　顏洽茂注譯
新譯阿彌陀經　蘇樹華注譯
新譯無量壽經　邱高興注譯
新譯無量壽經　蘇樹華注譯
新譯妙法蓮華經　張松輝注譯
新譯景德傳燈錄　顧宏義注譯
新譯大乘起信論　韓廷傑注譯
新譯釋禪波羅蜜　蘇樹華注譯
新譯八識規矩頌　倪梁康注譯
新譯永嘉大師證道歌　蔣九愚注譯
新譯華嚴經入法界品　楊維中注譯
新譯地藏菩薩本願經　李承貴注譯
新譯悟真篇　劉國樑等注譯
新譯无能子　張松輝注譯
新譯坐忘論　張松輝注譯
新譯列仙傳　張金嶺注譯
新譯抱朴子　李中華注譯
新譯神仙傳　周啟成注譯
新譯性命圭旨　傅鳳英注譯
新譯老子想爾注　顧寶田等注譯
新譯周易參同契　劉國樑注譯
新譯道門觀心經　王　卡注譯
新譯養性延命錄　曾召南注譯
新譯樂育堂語錄　戈國龍注譯
新譯沖虛至德真經　張松輝注譯
新譯長春真人西遊記　顧寶田等注譯
新譯黃庭經・陰符經　劉連朋等注譯

軍事類

新譯司馬法　王雲路注譯
新譯尉繚子　張金泉注譯
新譯三略讀本　傅　傑注譯
新譯六韜讀本　鄔錫非注譯
新譯吳子讀本　王雲路注譯
新譯孫子讀本　吳仁傑注譯
新譯李衛公問對　鄔錫非注譯

教育類

新譯爾雅讀本　陳建初等注譯
新譯顏氏家訓　李振興等注譯
新譯聰訓齋語　馮保善注譯
新譯曾文正公家書　湯孝純注譯
新譯三字經　黃沛榮注譯
新譯百家姓　馬自毅等注譯
新譯幼學瓊林　馬自毅注譯
新譯增廣賢文・千字文　馬自毅注譯
新譯格言聯璧　馬自毅注譯

政事類

新譯商君書　貝遠辰注譯
新譯鹽鐵論　盧烈紅注譯
新譯貞觀政要　許道勳注譯

地志類

新譯山海經　楊錫彭注譯
新譯水經注　陳橋驛等注譯
新譯佛國記　楊維中注譯
新譯大唐西域記　陳　飛等注譯
新譯洛陽伽藍記　劉九洲注譯
新譯徐霞客遊記　黃　珅注譯
新譯東京夢華錄　嚴文儒注譯

◎新譯大乘起信論

韓廷傑／注譯　潘栢世／校閱

《大乘起信論》是一部對佛教思想在中國發展有深鉅影響的論典，一部曾給當代哲學家牟宗三先生極大思想啟發的佛學著作。所論「一心開二門」詳細說明了凡、聖不同的因由；從「不覺」到「覺」，更明確點出了落實在修行活動中的「始覺」觀念，是心迷為凡、覺悟成聖的圓滿理論展示。透過本書精要的導讀與注譯，為世人親近佛教原典、進探佛法義海，提供了一條現代之路。